大学の問題　問題の大学

竹内洋×佐藤優

Date

まえがき

この対談書は、私が竹内洋先生に「大学教育が抱える問題について、掘り下げて議論したい」と提案したことがきっかけになってできた。なぜそういう問題意識を私が持ったかについて、読者に理解していただくために、私の個人史について説明することをお許し願いたい。

私は、中学、高校時代、将来、中学校の英語教師になりたいと思っていた。私が育った埼玉県は内陸県だったため、海に憧れていた。海に囲まれた伊豆七島の中学校で、英語の手ほどきを中学生にしたいと思った。その理由は、埼玉県の大宮市立（現在はさいたま市立）植竹中学校で3年間、英語を担当した早川剛先生が優れた教育者で、学校の授業よりもだいぶ背伸びをして英語を学ぼうとする私を支えてくれたからだ。中学1年生の時から私は、ハンガリーの高校生スジゲトバリ・フェレンス君と英語で文通するようになった。私が書く手紙は、竹村健一氏の書いた英語文通の手引書を見ながら書いたが（作家になってから私は竹村氏と交遊するようになったが、その時は、そんな未来が待っているとは思わなかった）、フェレンス君からの手紙はかなり難しい英語で書かれていた。早川先生は、文法事項を丁寧に説明しながら、読み解いてくれた。この文通を通じて私の目は、世界に開かれた。この体験を他者に伝えたいという思いから私は英語教師になりたいと思った。

高校は埼玉県立浦和高校だった。高校1年生の夏休みにフェレンス君を訪ねてハンガリーに行った。そのついでにソ連、東欧諸国を回った。この旅行が私に強い衝撃を与えた。旅先で知り合ったハンガリーや東ドイツの高校生は、英語が堪能で、知識も豊かで、しかも自分の頭で考えていた。浦和高校は自由な校風の学校だった。勉強や成績についてやかましく言う教師はいない。服装も自由で、頭髪制限もない（私はジーンズで通学し、長髪にしていた）。部活動も活発だった。授業をサボって部室や喫茶店で本を読んでいても黙認された。ただし、表面上は規制もなく、自由であったが、生徒たちの頭の中は大学受験に対する不安でいっぱいだった。こういう学校生活が好きになれず、高校2年生になると私は受験勉強から逃げて、浦和の社青同（日本社会主義青年同盟、社会党系の青年組織）の事務所に入り浸るようになった。学校の勉強よりも、北浦和駅西口の県労働会館で行われる社会党系の組合活動家を対象とする労働大学で勉強する方が楽しくなった。そこで知り合った当時、埼玉大学経済学部の助教授だった鎌倉孝夫先生（現在は埼玉大学名誉教授）の資本論研究会の末席に加えていただき、マルクス経済学に触れることになった。現在、鎌倉先生とは池袋コミュニティ・カレッジで、一緒に『資本論』全3巻を読み解く講義を行っている。

高校で大多数の教師は、問題意識だけが先行して、学校の勉強から逃げている私を持て余していたと思うが、倫理社会を担当する堀江六郎先生だけが、私の問題意識を正面から受け止め、しかも学問的にはかなり厳しい指導をしてくれた。高校3年生の選択科目で私は、堀江先生が担当する倫理社会を取った。堀江先生は、アメリカのプロテスタント神学者ラインホールド・ニーバーの"The Children of Light and the Children of Darkness"(『光の子と闇の子』、武田清子先生が翻訳し、私が解説を書いた邦訳が晶文社から2017年に出ている)を原書で講読する授業をした。ニーバーの難解なテキストが全く理解できず、英語学習の必要性を痛感した。同時に神学に私が関心を持つきっかけになった。

1年の浪人生活を経て私は同志社大学神学部に入学した。もし水が合わなければ、1カ月で退学しようと思っていたが、そうはならなかった。大学院神学研究科にまで進み、同志社に6年いることになった。大学、大学院生活は本当に楽しかった。野本真也先生(旧約聖書学)、緒方純雄先生(組織神学)、藤代泰三先生(歴史神学)をはじめとする優れた教師たちと出会った。この人たちは大学教授であるとともに牧師だった。一人ひとりの学生に寄り添い、神学と共に生き方について教えてくれた。また、新左翼系のマルクス主義と無政府主義、さらにキリスト教社会主義が混在した神学部自治会の仲間だった滝田敏幸君（現在は千葉県議会議員〔自民党〕）、大山修司君（現在は日本基督教団膳所教会牧師）、米岡敬司君（現在は自由業）という生涯の友を得ることができた。大学の授業とは別に、滝田君たちと読書会を組織し、神学、哲学、経済学などについて徹底的に勉強し、議論した。こうして、学校という場で、教師や友人を通じて得た知識と知恵、さらに人格的感化が、その後、私が外交官、作家として活動する際の基礎になった。

２０１６年から母校の同志社大学神学部をはじめ、複数の大学で講義を担当し、２０１８年からは浦和高校で教壇に立つようになった。中学校の英語教師になるという夢は、少し形を変えて実現することになった。大学で同僚の教師や学生たちと接触するようになった。教師も学生も優秀で、教育環境も整っているのに、それがうまく嚙み合っていない。日本の社会と国家を強化するためには、まず、日本の高等教育を立て直す必要がある。方向性は明白だ。教師と学生が信頼関係を構築し、学びの共同体であるという大学の原点に立ち返ることだ。まず現下の大学が抱えている問題をできるだけ正確に捉える必要がある。そのために教育社会学の第一人者である竹内洋先生から得られる知見はとても有益だ。

私が初めて読んだ竹内先生の作品は、『大学という病――東大紛擾と教授群像』(中央公論新社、2001年、中公文庫、2007年)だ。田中眞紀子氏が外務大臣に就任し、対ロシア政策をめぐって外務官僚の間で深刻な抗争が展開されている時期だったので、「戦前の東大も現在の外務省も似たようなものだ。秀才の内部抗争は陰湿だ」という感想を持った。同時に、この作品で取り上げられた東京帝大経済学部の内紛における中心的な登場人物である労農派マルクス主義者大森義太郎(1898〜1940年)の人柄と思想について知ることができたのも大きな成果だった。大森の主著である『唯物弁証法読本』(中央公論社、1933年)が1976年に社会主義協会出版局から復刊され、高校2年生の時、私はこの本でマルクス主義哲学について勉強したからだ。竹内先生の本を通じて、大森が硬直したマルクス・レーニン主義の枠に収まらない、人間的に魅力があり、思想の幅も広い、優れた知識人であることを知ったのが大きな収穫だった。大森の自由な精神を『唯物弁証法読本』を通じて私も継承することができたと思う。『大学という病』から近著の『教養派知識人の運命――阿部次郎とその時代』(筑摩書房、2018年)まで、竹内氏の作品に通底しているのは、人間に対する強い関心だ。教育の基本が人間に対する関心を持ち続けることであるという竹内氏の教育観から私も強い影響を受けた。

本書を上梓するにあたっては時事通信出版局の坂本建一郎氏に大変にお世話になりました。どうもありがとうございます。

2019年9月2日

曙橋（東京都新宿区）の書庫にて

佐藤　優

目次

大学の問題　問題の大学

1.

大学でなぜ学ぶのか（Why）

■「生き残るためには高等教育が必要だ」

竹内　佐藤さんとは、これまで対談を2回しました。最初は2007年。今は休刊となってしまった『諸君！』誌で、戦前狂信右翼といわれた蓑田胸喜をめぐるもの（注1）（「いまなぜ蓑田胸喜なのか――封印された昭和思想」『諸君！』文藝春秋、2007年7月号）。その次は翌年、紀伊國屋ホールで「いま、あらためて〈日本主義〉を問う――蓑田胸喜的なるものと現代」で対談しました。紀伊國屋ホールの対談では、終わると佐藤さんの著書にサインしてほしいという人が列をなし、私の方へのサインを希望したのは1人しかいなかったように記憶しています（笑）。

本書の読者もおそらく佐藤さんの話を読みたい人がほとんどであろうと思いますから、私は主として聞き役と引き出し役に回りたいと思います。それに、大学や学校教育についてであれば、私はインサイダー（当事者）ですが、佐藤さんは二項対立でくればアウトサイダー。しかし、佐藤さんは同志社大学をはじめとして、幾つかの大学で客員教授として教えているから、インサイダー的アウトサイダー。内部と外部の両方の視点で大学を最もよく見ることができる立ち位置にもあります。佐藤さんの大学論や教育論を率直に開陳していただく場にしたいと思います。

佐藤さんは、学生たちの教育にも熱心に取り組んでおられるのですが、ご自身の教育に対する情熱の原体験あたりから伺いたいと思います。

佐藤　私の父親と母親は戦争を経験していて、高等教育を受けることに対する強い思いがありました。まず、自分たちが受けたいと思っても戦争で十分に教育が受けられなかったという思い。ある程度の年齢になって経済力が付けば教育が受けられるかと思ったけれども、そういうものでもなかったと。仕事の流れに入ってしまうと、会社を辞めてもう一度、教育を受けるのは難しいと父がよく言っていました。

私の母親は14歳で沖縄戦に従軍しました。首里から摩文仁《まぶに》に退却する時に下士官から手榴弾を渡されて「いざという時は自決しろ」と言われました。もっとも別の東京外事専門学校出身の通訳兵は、「女、子どもは絶対に米軍兵は殺さないから、捕虜になれ。国際法があるから捕虜は殺さない」と耳打ちしてくれました。そのことが母親の印象にとても残っていて、一般にはよく知られていないことでも、高等教育を受けている人たちは知っているという現実を母は認識していました。「生き残るためには、高等教育が必要なん

(注2)

だ」ということを私の両親は強く思っていたんです。

これは、いわゆる難関大学に行けるかどうかとか、難関大学へ行けばその後の人生は安泰だということではなくて、もっと強い危機意識を持って、勉強は真面目にしておかないと命に関わるという思いでもあったと思います。

特に、文系と理系のバランスの取れた教育を受けておかないと命に関わることについて、私の父親は、戦争中の将校たちの振る舞いや判断についての話を私によくしてくれました。理系だけでなく、文系の教育をきちんと受けている人たちは、口に出さないだけで、みんな戦争の情勢が分かっていた。だから自分が所属した部隊において、間違えた判断はしなかったと。

また、外国語を知らないと、日本語だけで判断しているとだまされることがある。実際に何が起きているか分かったものではない。過去の日本は、戦前・戦中と国民をだましたから、また、これからも、だますことがあるかもしれないとも言っていました。

竹内　お父様はいつ召集されたのですか。

佐藤　私の父親は、1945年（昭和20年）3月10日の東京大空襲の後で召集されました。丹波にある篠山城（兵庫県丹波篠山市）に集められて、上官から「現地教育だ」（外地に行ってから訓練を受ける）と言われた時にはホッとしたと。どうしてかというと、大陸に渡ってから現地教育だと国内で訓練されるより上官に殴られる数がずっと少ないからです。中国だと、部隊がいるところがすぐに戦場になる可能性がある。そうすると、上官があまり訓練で部下に厳しくし過ぎると、戦場だから、どさくさにまぎれて後ろから部下に撃たれることもあり得る。だからあまりひどいことにならなかったのだそうです。最初はそれでホッとして、その後、船の中で軍服を支給された時に、それが北方仕様だったからさらに安心したと。南方ではないから、これなら生きて帰れるかもしれないと思ったと言っていました。

竹内　お父様は、どちらへ行かれたのですか。

佐藤　最初、南京でその後は北京です。終戦は北京で迎えました。航空隊の通信班にいたんです。私の父親は工業高校の夜間部を出て、その後、実験補助をする仕事に就いて、東大の富塚清教授の航空系研究室にいました。半田ごてで実験の準備や、レーダーの下準備を行っていたそうです。それでしばらく兵役免除になっていたのですが、3月10日の東京大空襲があって、もう研究も何もできないという状況になって召集令状が来て、軍隊に行ったんです。

それで中国に行ったわけですが、現地で腰を抜かすほど驚いたのが、日本軍の将校たちの理科系の知識のなさでした。父親はラジオが壊れるたびに将校に呼ばれたそうです。現地は電圧が220ボルトです。日本の100ボルトのラジオのプラグをコンセントを入れれば、当然、ヒューズが飛びます。でもそんな基本的なことも日本軍の将校たちは知らなかった。

そこで、私の父親がラジオと電源の間に直列で100ボルト分の白熱電灯を1個つないであげるんです。それが電気回路の抵抗になって何とか使えるようになる。「陸軍の将校はこんな基本的なことも分かっていない。こんな将校たちの下にいると危ないと思った」と言っていました。

修理が終わると「佐藤一等兵ご苦労」などと言われて、砂糖を2キロとかもらってきて、それを航空隊に持ち帰り、自分らで汁粉を作って食ったりしているんだから、これは戦争負けるわなと。こんな奴らが上にいるようでは駄目だなと思ったとも言っていました。

当時の父親が一番楽しみにしていたのは、インドのニューデリーから届くBBC（英国放送協会）の日本語放送を通信兵たちで聞くことだったそうです。この放送をいつも聞いていたので、1945年7月のポツダム宣言もリアルタイムで知ることができた。ポツダム宣言を聞いて、「さあ、そろそろ日本に帰れるぞ」と思った。ただ一方で、ソ連軍がいつ入ってくるかということも気になったそうです。

それで戦争が終わったら、どこに隠していたかと思うほど飛行機が出てくるわ、出てくるわ。あちこちの穴を掘って日本軍が隠していたようです。中国大陸で態勢を整えて米軍を攻撃することをかなり真面目に考えていたらしい。戦後、父親たちはその残っていた飛行機の日の丸を中国国民党の党旗である青天白日旗に塗り替える作業をしたそうです。

蔣介石軍からは通信兵がいないので「軍属として将校待遇で雇うから来ないか」と誘われたけど行かなかった。実際、それで行った人はなかなか帰国できなかったそうです。

竹内　佐藤さんのご両親が戦争の中で高等教育出身者と接触する機会が多く、彼らは一般の人があまり知らないことを知っており、「生き残るためには、高等教育が必要」という実感を持ったという指摘で思い出すのが経済学者小池和男さんの「戦時経済の『遺産』」という論文です（飯田経夫他編『現代日本経済史　戦後三〇年の歩み』上、筑摩書房、１９７６年）。小池さんは戦後の中等教育や高等教育進学率の爆発的上昇を、戦時中の軍需産業や軍隊で民衆が高学歴者に接することで「学歴の効用」を痛感させられたことに求めているものです。接触効果といえば、小池さんは触れていませんが、私は自分の体験で敗戦前後の逆移民効果もそれに当たると思うのです。

近代日本は「向都離村」、つまり農村から東京を中心とした都市への人口移動の時代でしたが、戦争末期と敗戦後、それは真逆になりました。都会生活者や満州などの旧植民地で過ごした人々の地方への逆流が生じたからです。

東京都の人口は１９４０年には７３５万人でしたが、１９４５年には半分以下の３４９万人になりました。東京人のかなりが地方に逆流しました。外地から帰国した人も６００万人といわれます。１千万人近い人口が地方に還流したわけです。

もっとも、地方や農村部への逆移民のかなりの部分は、戦後復興とともに大都市に再流出しましたが、逆流した人々でそのまま地方にとどまった人々も少なくなかったのです。逆移民の多くは都会生活の中で、子どもの教育を大切に思った人たちです。中等教育以下の学歴で会社や工場に勤めた都会人は、戦争での高学歴者との接触効果と同じように、高等教育を受ける人と職場で接触し、高等教育の大事さが分かっていたでしょう。

私の親戚に旧制中学校を出て東京の第一銀行に勤めていた人がいますが、上司が九州帝大法文学部の出身で、法律の条文や解釈が巧みなことは言うまでもなく、人間としての幅が広いことを知り、自分の子どもは何としてでも大学にやりたいと思ったそうです。単に大学に行けば立身出世するという功利的判断だけではなく、高等教育を受けた人の人間的魅力を身近で知ったからでしょう。従って、都会に住んだ人は教育熱心な人が多くなった。

佐藤　高等教育を受けた都会人が地方に大きな集団として還流した。そのことによって、これまで高等教育について考えなかった人たちが感化されたということですね。

竹内　かくいう私も1945年、敗戦の数カ月前、3歳の時、地方の町に疎開しました。物心がついた頃、わが家は地元の家庭とありようが少し違うことに気が付きました。父と母はしばしば2人で外出していました。地元の人々は夫婦2人並んで歩くようなことはほとんどなかった頃です。私は半ズボンをはかされました。また、「お父さん」「お母さん」と呼ばされた。当時はこうした周囲と違う行動パターンが恥ずかしくてたまらなかった。そんなことから自分のことを「ボク」ということもやめてしまったのです。しかし、今にして思えば、それはわが家だけでなく、都会から疎開した人々や旧植民地からの引揚者に特有の生活パターンでした。

いずれも地元の人たちの「家」と異なって「家庭」(ホーム)があり、生活のパターンも異なっていた。こうした家庭では絵本なども用意され、子どもへの教育熱心さも際立っていました。

地方の人々はこうした人々を通じてモダニズムに肉体的に接触することになった。もちろん地元の人たちにとって、こうした逆流民が直ちにモデルになったわけではありません。逆流民は共同体的身体にとって危険な代物でもある。だから地元の人たちは逆流民に「引揚者」や「疎開者」というレッテルを貼って異人化し、警戒のまなざしを注ぎもしました。しかし、「引揚者」や「疎開者」の、あか抜けた生活流儀は確実に記憶と意識の中に残りました。漁師や農民に学校教育はいらないという教育へのかたくなさが緩み始め、「せめて高校までは行かせたい」「できれば大学」となったと思います。戦後の高校進学率や大学進学率の急上昇の背景にはこのような逆移民効果も働いていると思います。

■大学で学ぶことの意味

竹内　佐藤さんの世代ぐらいまでかな。私の世代は確実にそうだけれど、高等教育を受けることの重要性がいろいろな形で言われていました。ところが、最近の社会調査の結果を見たら、大学に行っていない親は、自分の子どもを大学へ行かせたいとはあまり思わないんだね（文部科学省「全国学力・学習状況調査」保護者調査結果、２０１７年度）。

佐藤　確かに今は、そんな感じになっていますね。

竹内　昔は、親自身が大学に行っていなくても、子どもにはとにかく勉強させて、自分よりも学歴を付けてほしいという意識があったけれど、今はどうもそういう感じでもないようです。大学に行かせたいのが学歴が高い層で約8割。親が大学に行っていない層で大学進学を期待するのは約5割弱ぐらいだそうです（同調査）。

佐藤　しばらく前に話題になった本で、千葉雅也さんの『勉強の哲学』（文藝春秋、2017年）という本があります。『メイキング・オブ・勉強の哲学』（文藝春秋、2018年）という本も続編で出ています。大学1、2年生向けに書かれた本だそうです。

竹内　話題を呼んだ本ですね。

佐藤　そこに書かれていたことの一つは、「本気で勉強すること」の現在における意味です。千葉さんによれば、深く勉強をするとノリが悪くなって、いわばキモくなるように見えると。まあ、ノリの悪さの先には、さらに深い学びがある（「勉強とは自己破壊」）ということを言っているわけですが、今の社会では深く勉強するとノリが悪くなると思われているというのが面白い指摘だと思いました。勉強はほどほどにして、社会にうまく適応してほしいというのが親の願いであって、勉強し過ぎて「ヤバイ奴」になってほしいわけではないということが書かれています。

竹内　最近、「東大生が活躍できない」と言いますよね。自分が東大生であることをはっきり言うことができなかったりする。「一応、東大生です」とか（笑）。勉強ができることを前に出しにくいという風潮は、そういうところともつながっているでしょうね。

佐藤　そう思います。千葉さんによれば、勉強の第一歩は何かというと、二つあると。一つはアイロニー。例えば、不倫は悪いとみんな言っているけれど、「本当に不倫は悪いのか」と突っ込みを入れるようなものです。もう一つがユーモア。不倫についてみんなが議論している時に、ちょっとずらす。「不倫は音楽のようなものだ」とボケて言ってみる。でも、こういうふうにしていると、周りからはノリが悪くてキモイ奴と見られる。しかし、それを超えていって、ノリの悪さと良さをハイブリッドで行ったり来たりできるようになるのが、「来たるべきバカ」。だから、勉強の目標はバカになることだと。これは非常に面白いと思った。今の社会の空気を捉えて勉強の意義を説いた21世紀版の教養書ですよ。

竹内　なるほど、逆説的で面白いですね。「意識高い系」というのも、ノリが悪くて「キモイ奴」のレッテルの一種でしょう。「バカになれ」は反知性主義的だけど、それを逆手にとってのバカは、反知性主義時代に知性主義が生きる道かもしれない。

佐藤　そうだと思います。

竹内　千葉さんの言を直球で言い直すことになるかもしれないですが、大正教養主義のバイブルだった『三太郎の日記』の著者、阿部次郎(注3)は、教養がどれだけの本を読んだとかといった「教養主義」になった風潮への警告を次のように言っています。

「書を読むことや他人の思想を研究することは、教養のひとつの途だが、それによって自ら生き、自らを省みることを怠るのであれば、何の意味もない」と。『ファウスト』に出てくるメフィストフェレスの言う「あなたは自分では押しているつもりでも押されているんですよ」という一句は大切ですよ。

佐藤　そう思います。メフィストフェレスは悪魔です。悪魔には事柄の本質を捉える能力があります。ただし、それを悪のために用いるので面倒なことになります。

竹内　儒学研究の泰斗である加地伸行氏は、「君子」を「教養人」、「小人」を「知識人」とする名訳を施しています。「知識人」とは、知識だけを付けた人であるのに対し、「教養人」とは知識に加えて徳性、判断力、決断力、構想力などを身に付けている人である(『論語〈全訳注〉増補版』講談社学術文庫、2009年)と言っています。

す。

■クイズと学問の境界線

佐藤　確かにそうですね。でも最近は「知識人」にすら至らないのではないかと思います。

特に、大学入試において１９７９年以降、マークシート式の入試が猖獗《しょうけつ》を極めて、その結果、クイズと学問の境界線があいまいになった。

以前、若手の国会議員たちと話をしていたら、「英語を子どもたちに学ばせる必要があるのでしょうか。自動翻訳の機械を使えば英語と日本語の通訳ができるじゃないですか」と言うんです。そこで、その人にまず、「自動翻訳はコンピューターを使っています。コンピューターができることは何か分かりますか」と聞いてみた。すると、「コンピューターは頭脳のようなものですか」と答えるんです。

「それはちょっと違います。コンピューターにできるのは四則演算で、もっと言うと、足し算と掛け算しかできない。しかも数学は４０００〜５０００年の歴史があるけれども、数学でできることは三つしかないことが分かっている。それは、論理と確率と統計です。

今のところ、コンピューター自身が考えることはできない。自動翻訳は論理ではないんです。論理による翻訳の道は、今はまだ実現できていません。自動翻訳はビッグデータを解析して、データの中から似ているものを取り出しているだけです。だから今のところ、自動翻訳ですべて翻訳できることにはなっていないんです」(注4)。そういうふうに言ったら、キョトンとしていました。

竹内　それはありますよ。私も、割と難関といわれている大学を出た30代のビジネスマンから聞かれたことがあります。本気になって「教育はこれから必要があるんですか」と私に言うわけ。「なんで、そう考えるの？」と聞いたら、「スマホで調べれば、何でも知らないことは出てくるし、だいたいそれで分かるから」と言うんです。でも、基礎知識がなければ何を調べればよいかがそもそも分からないし、検索結果が正しいかどうかを判断することだって無理でしょう。

佐藤　そこは、新たなる社会階級としてのプロレタリアート（労働者）にもつながりますね。ちなみに、プロレタリアートというのは、もともと「子どもしか産めない者」という意味です。

竹内　それは知らなかった。面白い。

佐藤　だから、子どもを産めなくなったら、プロレタリアート以下だという冗談もあるくらいです。それはさておき、そういうところと、エリート層との分断が出てきていますよね。エリート層はきちんとした形で教養を身に付け、複数の外国語を身に付ける。プログラミング言語の基本原理は分かった上で、実際にプログラムを組み上げる作業は下の連中にやらせる。こういう新たな階層ができています。

■逆の「再分配」

竹内　先ほども触れましたが、大学を出ていない人は、自分の子どもを大学にやろうと思わなくなってきている。例えばですが、彼らが酒やタバコをやったら、その代金には税金が含まれているから、自分たちの税金で、比較的恵まれている家庭に高等教育に行く学費を出しているということになりかねない。

佐藤　それは結局、貧困層から富裕層への所得の逆向きの「再分配」になっている。

竹内　そう。逆再分配です。見えない形で奨学金を大学に行かない人が払うことになる。

佐藤　客観的に見れば、貧困層の子弟にこそ高等教育を受けなければ損だということがいろんな場面でよく分かるはずなんです。しかし富裕層は情報強者で、貧困層は情報弱者という情報ギャップができてしまって、貧困層はそれなりに幸せに暮らせてしまう。

竹内　だけど、貧困層がいつまでも黙っているかどうかは分からないのと違いますか。保守でもリベラルでも旗振りをする人は結局、エリートで富裕層。政治で物事は解決されはしないという「アンチ政治主義」というか、ニヒリズムのようなものが、自分たちは虐げられているとか、貧しいと感じている人たちの癒やされない気分として一定の塊になれば、反乱が起きますよ。

佐藤　確かその傾向はあります。２００８年に起きた秋葉原連続通り魔事件[注5]にしても、２０１８年に起きた新幹線内でムシャクシャした男が誰でもよかったと刃物を振り回した事件[注6]にしても、貧困層のアンチ政治主義という側面がありますね。

刃物を振り回した男の本棚には、ドストエフスキーの小説『罪と罰』があったそうです。高等教育を受けてはいないけれども、男の意識[注7]はそれなりに高く、『罪と罰』を読んでいるような人が、身勝手なラスコーリニコフ的な犯罪を起こす。こうした事件はヴァンダリズム（破壊活動）と一緒にされているところがあるけれど、もしこの男がより高尚な、別の言葉遣いができていたら、思想犯になっていたかもしれない。過激な宗教と結び付くことも考えられます。日本の場合には、イスラム過激派と結び付く回路が今のところ、とりあえずない。でも、今のような情勢において、そんな回路ができたら大変ですよ。

■国立大学は授業料を年間12万円に

竹内 ところで、佐藤さんは今、同志社大学ではどのぐらい授業をされているの？

佐藤 私の母校の同志社では２０１８年はコマ数でいうと60回ですから、４科目８単位分です。すべて集中講義でやっています。

竹内 その間は京都で泊まるわけでしょう。

佐藤 泊まります。だから、１年間で25日ぐらいは京都へ行っています。

竹内 教えているのはご自身が学ばれた神学部ですか。

佐藤 今は、神学部に加えて生命医科学部と、同志社女子大学でも講義をしています。

竹内 教えるのは大変でしょうが、佐藤さんの話を聞きたいと思う学生は多いでしょう。

佐藤 いえ、そうでもないですよ。かなり「締め上げて」いますから（笑）。神学部で、とても出来がいい学生が何人かいて、教えていて面白くて仕方がないんです。

竹内　講義の科目名は何ですか。

佐藤　神学部は「組織神学」、生命医科学部では「科学史・科学論」。同志社女子大は「戦略論」です。科目の実際の名前は、もうちょっととくだけていて「佐藤優氏と学ぶ現代社会」とか、「キリスト教と現代社会」とかにしています。でも実際は、かなり細かい組織神学の問題について扱っています。

竹内　それはすごい。

佐藤　学生にかなりの数のレポートを書かせています。ゼミは小さい規模で教えています。それでもミニレポートを年間２２０本書かせています。

竹内　それは、レポートを見るのも大変ではないですか。

佐藤　大変ですけど、やりがいがありますよ。テキストに３８０問ぐらい設問を作って、書かせているんです。

竹内　そこまでする人、大学でもなかなかいないですよ。

佐藤　私は神学部を守りたいという思いが強いんです。特に神学生がしっかりしていかないと、神学部自体がこの先、なくなってしまうのではないかと危惧しています。例えば、神学部がある大学の中には、偏差値がかなり落ち込んでしまっているところもあります。

そうなると、プロテスタント神学を学ぶために必要な学力を持っていない学生が入ってくる。その結果、教育も研究も大変な状態になります。それから、私も竹内先生とちょっと重なるような仕事もやっていて。

竹内 何ですか。

佐藤 ２０１８年4月1日から、同志社大学の学長特別顧問で東京担当なんです。

竹内 私どものライバルではないですか。こんな強力な人材を東京に出されると困るなあ。あまり力を入れないでほしいけれど（笑）。

佐藤 大丈夫です。私は、キリスト教主義大学の活性化が主要な関心事ですから、竹内先生がおられる関西大学とは上手に棲み分けができます（笑）。今の同志社大学の松岡敬学長はとても頑張っています。学内にも、このままでは学校が立ち行かないのではないかという危機意識を持っている人が多いんです。東京の京橋に同志社大学東京オフィスがあって、そこでも講義をしています。京都とは別枠で年間10回です。

竹内 それは、同志社の学生向けではない講義ですか。

佐藤 社会人向けです。ただ、２０１８年から大学と相談してサテライト（衛星）でも講義を配信して、京都でも聴講可能にしています。

竹内　ということは、学生が受講するのも可能ですよね。

佐藤　そうです。ところが、学内でちょっと始まる前にいろいろと言われまして。

竹内　何ですか。

佐藤　「サテライトで東京と京都をつないだら、同志社に非常勤講師で入ってくれている他大学の学者が京都に来なくなるだろう」と言う人がいたんです。「事務でサテライトを使うのはいいけれども、教務では使うことはまかりならん」と言うんですね。

竹内　それは大学の教授会特有の議論ですよ。何か新しいことを始めようとすると邪魔をする。「教授天国」に安閑としているとそうなる。

佐藤　でも、そうやって主張する人たちにとっては、限定的な範囲内での合理性があるんです。これは官僚の世界とすごく似ている。

竹内　なるほどね。大学教授も本質は教育「官僚」です。何かを始めようとすると、「それをやると、こういうことが生じる」という議論になる。それはすごいものです。何かをやるという提案になると、穴も多い。そこで叩かれる。だから、もっぱら審判者の方に回って穴を探す。減点法に強い大学教師気質ですね。それこそ限定的な範囲内での合理性で、実質的合理性ではないんだけどね。

佐藤　でもそれは実は簡単な話で、東京から講師を招くことができないような、そんな魅力しか同志社大学が出せないんだったら、他大学との競争に負けても、それはそれで仕方がないと思うんです。

それから、以下は個人的な意見ですが、私は、私立大学が国から運営補助金（私立大学等経常費補助金）を得るのはいかがなものかと思っています。何かあったら、「私学助成金をカットされる」という話がよく大学内で出るのですが、同志社は学生が約２万５０００人います。１人当たり10万円程度、授業料を上げれば、今、国から交付されている私学助成金の多くの部分をカバーできる。そのことで、完全に国からフリーハンドを得られるなら、その方がいいと思うんです。

それで、独立行政法人日本学生支援機構の奨学金も、基本、うちは勧めないというスタンスでいいと思うんです。逆に、ある程度、経済力のある家庭の子に来てもらう形で構わない。その代わりごく一部だけ、学生全体の３％から５％程度の数の学生に関しては、むしろ生活費まで全部同志社で丸抱えにする特待生制度を作った方がいい。

竹内　アメリカのアイビーリーグ（名門私立大学）は割とそんな感じですよね。公定の授業料は高いけど、アイビーリーグ大学はそれだけでは学力優秀な子が少なくなることを恐れて、所得によって授業料はおろか生活費まで出る奨学金制度があります。ただ、ここがアメリカの大学の問題なのですが、貧困層などはそうした情報を知らないので、結局は親が大卒でそこそこ収入がある家庭、つまり、そういう情報にアクセスできる情報強者の家庭の子弟が利用できるようになってしまっている。

ついでにですが、日本の大手私大10校の給付奨学金（学部生）の現状を2016年度で見ると、在籍学生の7・8%、給付額で27万円。その割合も給付額も少ないですね。在籍学生の割合で最も高いのが立命館大学の13・7%。給付額で断トツに高いのが関西大学で40万円強です。同志社大学は大学院生の給付額がトップで42万円強です。

佐藤　それでも奨学金だけで勉学に集中するには不足しています。いずれにせよこの先、今のような新自由主義的な流れは止まらないと思います。そうすると、本当はむしろ国公立大学の授業料を下げて、日本学生支援機構などの奨学金に頼らないで学生が勉強できて、生活できる形にした方がいいと私は考えています。

例えば国立大学の授業料は今、53万5800円（2018年度）ですが、これを年間12万円まで下げれば、奨学金を借りなくても自宅通学だったら月1万円で何とかできるわけです。たぶん、戦闘機4機分ぐらい(注8)の予算でそれはできると思うんです。

■授業料が高過ぎる

佐藤　国公立大学の授業料、年間53万円は高過ぎると思いませんか。私学は１００万円を超えているところはざらにあります。

竹内　関西大学では、２０１９年度の法・経済・商・社会学部の場合では、初年次89万円。２年次以後が１０２万円です。

　１９７５年頃までは、国公立大と私立大で授業料が3倍から5倍ぐらいの差があった。だから、結局、地方国立大学を第1志望とする者が多かったですね。

　日本が世界的に見て変なのは、大衆高等教育を私立大学に任せていることです。アメリカの私学はエリート教育が多いから授業料を高くしても経営できる。大衆教育の部分については、コミュニティ・カレッジがある。日本は、私学は高等教育で大衆教育をしているのに授業料が高いというのは変だよね。

　ただ、最近はアメリカの大学でも高等教育ならぬ「高騰」教育と言われていて、アイビーリーグでだいたい日本円にして年間５００万円くらい。州立大でも州内居住学生で約

94万円。州外居住だと約240万円かかる。学生ローンの借り入れも、総額で1兆ドル（2019年8月現在、1ドル＝105円として約105兆円）を超えていて、ローン返済滞納者は3割を超えているそうです。

佐藤　日本にはコミュニティ・カレッジの機能を持つ大学やルートがないんですよね。

竹内　短期大学はコミュニティ・カレッジ（ジュニア・カレッジ）がモデルだったけど、アメリカのように4年制への転学を考慮に入れたものではなかったし、専門教育機関としても不徹底で、実際は女子に4年制大学の進学を望まないが、高等教育を受けさせたいという過渡期の高等教育受容の受け皿となりました。家政系と文学系の私立短大が多かったゆえんです。そういう一過的な需要構造に対応したものだったから、短大の衰退は当然だったでしょう。そういう意味では、コミュニティ・カレッジの日本版は、短大衰退の後に現れた専修学校でしょう。政治家もきちんと地方国立大学のことを考えてほしいけれど。

佐藤　でも、地方の国立大学を生き残らせる道は、授業料の低さで勝負するしかないと思います。

竹内　昔はそうだったですね。最近は「国立大学をなくしてもいい」などと言う文部科学省の元官僚もいます。だけど、国立の方が授業料は安いし、戦後日本において、地方の方の国立大学に行っていました。しかもみんな優秀だった。

佐藤　今だって、地方の教育を支えているのは、地方の教育大学や国立大学教育学部出身の教員ですよね。地方公務員も輩出して、地域を支えているんです。

■生活保護家庭の優秀な生徒

佐藤　実は、授業料は大学だけの問題ではなくて、高校でも深刻な事態になっています。埼玉県立浦和高校の入学偏差値は73くらいですが、住民税免除家庭は今、何％ぐらいあると思いますか。それが４％程度いるんです。

竹内　４％といったら、クラスに１人か２人ぐらいかな。

佐藤　２人ぐらいが住民税免除家庭です。すなわち、生活保護を受けているか、かなり低所得ということです。私は今まで入学偏差値73というような極端な成績優秀者だけを集めた公立進学校は必要ないと思っていました。公立はもっと多様な学力の生徒たちを入れた方がいいのではないかと考えていました。

でも、例えば経済的に恵まれない層で生まれた家庭の子が東大、京大、一橋大、東工大などの難関国立大学に上がっていくキャリアパスは、地方の伝統ある高偏差値の公立高校がないと保障されないんです。子どもの貧困や経済格差の問題を考えた時に、地方の高偏差値公立高校は、意外と重要だと改めて思っています。

竹内　大阪府でもそういうことがあるかもしれない。今も、北野高校はじめ、公立高校の進学校が多いですから。それと反対なのが、京都府。革新府政が「輪切り選別教育反対」という旗印で、総合選抜制(注9)などを取り入れ、公立高校をフラット化した。おかげで進学名門校は私学になった。授業料の安い名門公立高校から難関大学進学という貧困層のキャリアパスは消滅したことになる。革新（左派）が貧困層のキャリアパスを消滅させたわけです。今はその反省からか、公立高校にテコ入れしているようだけど。

■地方公立大学の面白い動き

佐藤　沖縄県名護市に名桜大学という公立大があるんです。私も客員教授として関わっている大学で、１９９４年に公設民営で作られて、一度、定員割れに直面して危機的状況に陥りました。２０１０年から公立に移管されて、そこから偏差値が上がったんです。今は国立の琉球大学と変わらないくらいになっています。

竹内　それはなぜですか。

佐藤　かなり丁寧な教育をしていることが挙げられます。入学時点で学生全員の数学と英語の学力検査をしています。学生一人ひとりの足りないところを全部チェックして、チューター（個人指導教師）を付ける。英語と数学は、英語は最低で英検2級を取らせる。準1級に合格する学生もいます。数学は数Ⅲまで完全にできることを目指し、少なくとも数ⅡBまでは完全にできるように底上げする。

それからカナダの大学との間で、授業料が追加で必要にならない交換留学制度を作っています。そのほかにも、北米、中南米、アジア諸国の大学と交換留学協定を結んでいて、学生の2割が留学しています。就職状況も良くなってきているので、口コミで名桜大学の良さが広がってきて、沖縄県以外から進学してきた学生が5割ほどいます。そうした取り組みが進むうちに国立の琉球大学の学部と偏差値がほぼ同じになった。東北大学から視察団が来て、学生の学力の底上げがうまくいっているけれど、どのように指導しているのかと尋ねられたことがあったそうです。

これはどこからやって来た発想かといえば、先ほども話題になりましたが、私はルーツとして、アメリカのコミュニティ・カレッジがあると思っています。コミュニティ・カレッジにはアメリカ以外からの移民や、さまざまな背景を持った学生が来るので、まず学力をチェックして、チューター制度で底上げする仕組みを作っている。

竹内　入り口のハードルを低くして、教育内容を実態に合わせて、実質的に充実させるということですね。ユニバーサル段階の大学の戦略として正しいかもしれません。

佐藤　大学院も名桜大学では国際文化研究科と看護学研究科があって、修士課程は各5人程度、博士課程は定員2人にしています。これは博士課程に残る人は、研究・教育職を大学が保証するということです。大学院もキャリアパスをちゃんと考えながら運営している。

名護市や周辺自治体による運営で税金を投入しています。しかし、大学が地域に1校あることによって、そこで若年労働力の雇用確保にもつながっていると見なすこともできます。それから、学生はアパートなどを借りて、生活をするでしょう。それが新陳代謝していく。つまり教育が「地域おこし」のようになっている。だから、すごく面白いんです。

竹内　どうして名桜大学で教えるようになったんですか。

佐藤　沖縄出身の芥川賞作家・大城立裕さんに、名桜大学の山里勝己学長と会ってほしいと言われまして、そこから縁ができました。

竹内　さらなる活性化を考えていますね（笑）。

佐藤　そうかもしれません。さらに、多くの大学では、TA（学習指導助手）が形骸化していて「無償奨学金」のようになっているでしょう、でも名桜大学ではチューターが時間給でだいたい800円から900円くらいもらえます。沖縄県の最低賃金は790円（2019年）です。だから、地元アルバイトとしても、それほど遜色はない。大学内でチューターとして学生が活動することで教える力も付くんですよ。そして、そこから教える力の高い学生を選んでTAにする、上級生が下級生に教えていくという仕組みを持っていて、これから非常に伸びていく公立でも有望株の大学だと思っています。1年間の授業料が53万5800円で、場合によっては、年間600万円の授業料が必要となる海外大学に留学できる。これはお得ですよね。私が、講義をしていて、沖縄県外から来ている学生たちの親の職業を聞くと、結構、高校教員が多いんです。

竹内　分かっているんだね。

佐藤　口コミで広がっているようです。地域的には東北や九州から来ている学生が多い印象があります。おそらく、地元の東北大、九大といった国立大学には残念ながら受からない。私立大学で早慶に行くとか、ＧＭＡＲＣＨ（学習院、明治、青山学院、立教、中央、法政の各大学）に行く経済力があるかといえば厳しい。それが沖縄に来れば53万円ほどで海外留学もできて、授業料さえ親が仕送りできれば、アルバイトはチューターのようなものが先輩からの引き継がれる仕組みもあるから自活できる。

しかも、女の子の親にとってすごくいいんです。名護市は狭いでしょう。変な話ですが、女の子がアルバイトに引き込まれがちな風俗産業がない。チューター以外は健全なアルバイトしかなくて、もしお金が必要だからといって不健全なアルバイトで時給２０００円ぐらいのところに行って稼ごうと本人が思っても、往復２時間かけて車で行かないといけない。これは経済合理性に反している。だからそういう選択肢は取れない。風紀的に親としても安心というわけです。

また、学内には、「ライティングセンター」という組織もあります。ジャーナリズム出身者がアカデミックライティングとしてのフットノート（注釈）の付け方や、主語と述語を対応させたきちんとしたレポートを作ることを徹底的に指導する。そういう仕組みを作った。そうしたら、東京都地方公務員の上級職に合格する学生も出てきました。沖縄の公立大学から、そうした就職先は今まで考えられなかったんです。

私も、ジョージ・H・カーの『Okinawa』という、ペーパーバック版でも分厚くて600ページ近くある国際標準の教科書を使って講義をしたんだけれど、みんなついてきました。だから、入学時偏差値はあまり関係ないということが分かりました。きちんと入学時の力を測定して足りないところや欠けているところを埋めていけば、大学を出る時にはすごく実力が上がって出ていける。

竹内　授業料は、沖縄出身と沖縄以外出身の学生では変わりますか。

佐藤　正確に言うと、沖縄の北部広域市町村圏事務組合（1市11町村）が設立認可申請をしている大学なので、そこの出身者に関しては入学金や初年度納付金が安くなっています。でも4年間で地域内と地域外の差は、12万5000円です。2年次から4年次の授業料は一緒ですね、53万5800円。どうも公立大学は法令上の縛りがあってこの額より授業料を下げられないらしい。国立と同じ額より下にできない。沖縄出身だったら、授業料は年間12万円ぐらいにしたらいいですよ。

竹内　文科省は、競争をしていろいろなタイプの大学が出てきたらいいと言いながら、実際は選択肢を狭めているんですね。教育改革にありがちな理念と実際の脱連結（ディカップリング）ですよ。

■地方にあった名門高等教育

竹内　歴史的に見ると、専門学校にも、名門校がいっぱいありましたよね。例えば、彦根高等商業学校や、詩人で思想家の吉本隆明が行っていた米沢高等工業学校などは、プライドを持って、良い教育をしていた。

佐藤　地方においても、自前のエリートを育成できる仕組みが整っていたんですよね。

竹内　だから、今のような、東大を頂点とした発想で大学を見るのは、戦後的な見方ではないですかね。学校の先生になるんやったら、東大ではなくて高等師範に行くとかね、そういう道もあって、そこから校長にもなれたわけだから。

佐藤　東大を頂点としたヒエラルキーは、確かにあるように見えるんだけれども、現在において東大の優位性が発揮される職業は実際は二つしかないと思うんです。すなわち、それは官僚と大学教員。それ以外に関しては、東大に特段の優位性はないでしょう。

なぜ官僚かといえば簡単な話で、東大教授もしくは元東大教授の試験委員が多いからです。加えて、東大生で受ける人が多いから周りの雰囲気に流されて受験する。

竹内　能力があって、志のある人が、官僚や政治家になってほしいよね。それから、言論界やったら新聞社とか出版社。朝日新聞は一時期、東大から誰も入らなかったことがあったといいますね。凋落しているとはいえ新聞や出版メディアは社会にとって重要な場でしょう。そういうところに、すべての東大生が優秀かどうかは別として、能力と意欲がある人が行かなくなる兆候だとしたら憂うべきことでしょう。

佐藤　それはその通りだと思います。あんまり変な人ばっかりということになると、本当に大変ですからね。

竹内　大学の研究職も、魅力という点で危ないんですよ。今やったら、どんなに早くても35歳ぐらいから就職でしょう。65歳が大学教員の定年。となると、定収入が得られるのは、30年間だけではないですか。職業として割に合わないんですよ。

佐藤　研究者として30年間できるというのは、多分、東大、京大といった優位性のある大学だけだと思うんです。同志社や早稲田などの私大からだと、まず、博士号を取って、学術振興会の特別研究員になって、就活が始まり出す。それで、42歳までが専任の募集のだいたい限界でしょう。それで、今は多くが任期制ですよね。だから、就職するのはたぶん40歳前後ですよ。40歳でやっと専任教員として活躍できる足場ができて、役職に就ける可能性があるのは、執行部に入らない限り60歳までですからね。そうなると大学で中心的に活動できるのは20年の世界ですよ。

竹内　年金から考えても厳しいね。勤務先が国立、公立、私立と頻繁に変わると、退職金も細切れで損をする。

佐藤　そう思います。だから、初期投資に比べてリターンが異常に少ない。私が教えている学生に研究職は勧めていません。今、神学部で面倒を見ている学生が7人いるんです。いずれも研究職に就ける能力があるんです。でも全員に研究職以外の就職を勧めています。

代わりに出版社の編集者や新聞記者を勧めています。さらに私が学生に勧めているのは、地方公務員の上級職員試験に合格する学力を付けることです。コスパがいい。受験準備にそんなに時間がかからない。それと、民間企業の試験とほとんど重なっていて、地方公務員試験の教養の問題集は、理系・文系全体含めて、大学卒の人間の教養として必要なものがだいたい盛り込まれている。だから、無駄が少ない試験なんです。例えば地方公務員になるとします。国際舞台で活躍したいんだったら、修士号まで取って地方公務員を5年ぐらい務める。そうしたら、国連、WHO（世界保健機関）、ユニセフ（国連児童基金）などの国際公務員になれます。

竹内　それに地方は物価が安いこともあります。

佐藤　そうです。

（注1）蓑田胸喜（1894～1946）：1894年熊本県生まれ。東京帝国大学卒。慶應義塾大学、国士舘専門学校教授などを歴任。1925年に原理日本社を結成。東京帝大、京都帝大などの自由主義的な学者を攻撃し、瀧川事件や天皇機関説事件に影響を与えた。

（注2）東京外国語大学の前身。1873年設立の東京外国語学校を祖とし、他学校との合併を経て1897年に高等商業学校の附属機関となる。1899年に東京外国語学校、1944年に東京外事専門学校と改称。1949年に同校を包括して東京外国語大学が設立された。

（注3）阿部次郎（1883～1959）：1883年山形県生まれ。東京帝国大学卒。1909年に夏目漱石の門下生となる。1914年に大正教養主義の代表作『三太郎の日記』を発表。1923年に東北帝国大学教授に就任、退職後に仙台市名誉市民の称号を受けた。

（注4）AIには、米国の哲学者ジョン・サールが1980年に提唱した、「強いAI」（汎用型の人工知能）、「弱いAI」（単一の機能を代替する特化型の人工知能）があり、現在はまだ弱いAIしか実現できていない。

（注5）2008年6月8日午後0時33分頃、歩行者天国が実施されていたJR秋葉原駅近くの交差点に2トントラックが突入。通行人を次々とはねた後、降りてきた加藤智大死刑囚がダガーナイフで無差別に人々を刺し、19～74歳の男女7人が死亡、10人が負傷した事件。

（注6）2018年6月9日午後9時45分頃、東京発新大阪行き東海道新幹線「のぞみ265号」車内で発生。新横浜―小田原間を走行中、12号車に乗っていた小島一朗被告=殺人罪などで起訴=が乗客の女性2人を突然なたや果物ナイフなどで切り付け負傷させ、女性をかばおうとした会社員が首など数十カ所を切られ死亡した事

件。

（注7）ロシアの文豪ドストエフスキーの小説『罪と罰』の主人公。名門ペテルブルグ大学の元学生で、「選ばれた非凡人は、社会道徳を踏み外す権利を持つ」という思想で、金貸しの老婆を殺害する。

（注8）航空自衛隊が調達しているF－35A最新ステルス戦闘機は1機当たり約101億円（2018年度）。国立大学の定員は9万5635人（2019年度）。学生1人当たりの授業料を年10万円として、現在との差額、約42万円を戦闘機を減らすことで負担するために、必要な金額は約400億円。

（注9）複数の公立高校で試験を実施し、総定員分の合格者を決めた後、居住地に合わせて各校に生徒を振り分ける方式。1950年、蜷川虎三府知事により京都府で初めて導入された。最盛期には14都府県程度が実施したが、2013年度入試を最後に京都府も廃止した。

国立大学と私立大学の授業料等の推移

（円）

年度	国立大学	公立大学	私立大学
1975	36,000	27,847	182,677
1980	180,000	157,412	355,156
1985	252,000	250,941	475,325
1990	339,600	337,105	615,486
1995	447,600	440,471	728,365
2000	478,800	478,800	789,659
2005	535,800	530,586	830,583
2010	535,800	535,962	858,265
2015	535,800	537,857	868,447
2016	535,800	537,809	877,735
2017	535,800	538,294	900,093

文部科学省　国立大学法人評価委員会（第8回）　配付資料より作成

（注）年度は入学年度。国立大学の2004年度以降の額は国が示す標準額。公立大学・私立大学の額は平均であり、公立大学入学料は地域外からの入学者の平均。

2.

大学で誰が学ぶのか（Who）

■当世大学生気質

佐藤　ところで、竹内先生は関西大学東京センターにはどれくらい出ておられるのですか。

竹内　月2、3回、上京して、4〜5日です。

佐藤　先生がおられるかどうかで、大学の価値がたいぶん変わりますからね。

竹内　私の方にはそんなことはありませんが、むしろ佐藤さんが東京で同志社の活動をすると、受験者が増えるのではないですか。

佐藤　実は2016年から関わっていて、少し受験者が増えています。

竹内　ああ、やっぱり。ちなみに関西大学も東京会場での受験者が増え続けています。2019年度は5年前の1・7倍になっています。

佐藤　同志社は2016年度が結構増えました。十数%。2017年度が5%ぐらい増えています。特に2019年度は神学部の受験者が35%ほど増えました。そうなると合格最低偏差値がかなり上がるんです。

竹内　神学部の定員は何人ですか。

佐藤　63人（2019年度）です。うち30人は内部進学とキリスト教系高校推薦で、自己推薦にしています。ただ、優秀な学生を取りたいので外部と内部は半々です。偏差値70を超える高校の出身者が1割ほどいます。一方、たまに、びっくりするほど勉強ができない学生がいるんですよ。こういう学生は大学に入ってから困るんです。

竹内　でも、そのぐらいの人数だったら、効果が表れやすいですね。

佐藤　そうです。意外と面倒なのが高偏差値高校出身の現役合格の学生です。要するに、受験競争から逃げて、奇をてらって神学部に来るような学生です。キリスト教に関心はないんだけれど、神学部に来て、高校の同級生に対して、お前たちとは違う道を選んだというところを見せる。

竹内　差異化戦略だね。

佐藤　そうです。しかも、さらに奇をてらって、神学部の中でもイスラームを専攻する学生が多い（笑）。困るんですよ。うちは十何年かけて、イスラーム専攻を運営してきたけれども、まだ研究者の再生産ができていないレベルです。勘が良い学生だったら、1年でこれはまずいと気が付いてキリスト教に専攻を切り替える。ところが、気が付かないでぼんやりしていると、もう時間切れ。何も身に付きません。

竹内　でも、うまく導いたらどうですか。それだけ頭がいいんだから。

佐藤　ところが、自意識がこじれていて、なかなか難しい。むしろ伸びるのは、超高偏差値ではないけれども、偏差値60台の上ぐらいの高偏差値高校を出た学生です。しかも第1志望で神学部に来る学生。これはものすごく伸びる。今一番伸びる学生がいるので、その学生に聞いてみたんです。「何でうちに来たの、クリスチャンホームの出身でもないのに」と。その学生が言うには、学問で極めたいという分野が高校時代に見つからなかった。就職が良い法学部に入って、いい会社に就職したいというような気持ちもなくて、そもそも自分が何を勉強すればいいのか、何に適性があるか分からなかった。その時に、必修科目が2単位で、あとは全部自由に取れる神学部があることを知ったと。そこで、高校の先生に「神学部に行きたい」と言ったら、その先生が「そんなところに行って就職は大丈夫か」と心配した。でも、その学生の父親が、「大学は就職予備校ではないから、やりたいことをやればいい」と言ったというんです。立派な父親だと思います。そういう動機で学びたいと思って来た学生は、結果として一番いいところに就職していくと思っています。

竹内　神学部でも、結果的には一般企業へ行く人が多いんでしょう。

佐藤　ほとんどそうですよ。だから、その意味においては文学部と似ていますね。文学部の哲学科とだいたい同じような状況です。今、入学の段階の難易度では、神学部は経済学部や文学部の哲学科より高い。だから、それ故にいろいろな問題がたくさんあるんですよ。

だから、私の時のように偏差値表の外側に神学部があった時代は、ある意味、極めて気楽だった。でも同時に本気に神学に取り組む学生が多かったです。

■病気に逃げ込む学生

佐藤　先生は大学で40年近く教えられてきて、学生の変化で思うところはありますか。

竹内　表面的にはものすごく従順になっている感じがします。

佐藤　でも表面的に従順になっているのは「面従腹背」で、何も聞いていないかもしれないですね。

竹内　だから不気味さも感じます。古い話だけど、学生が元気だった頃は、全共闘が終焉しても、学生気質の中には全共闘的なものがある程度ずっと残っていたんです。しかし、そういうものが徐々になくなってきた。

佐藤　全共闘的なところで一つ良かったのは、読書会をやっていたことですね。バリケードの中で自主ゼミをやっていた。私らの頃は、本を読むことを軽蔑するという感じではなかったです。

竹内　１９８０年代に「レジャーランド大学」といわれた頃が一つの曲がり角でしたね。

佐藤　それから、ポストモダニズムで、それこそ哲学者の浅田彰さんの世界ですけれど、小さな差異を重視して大きな物語に関心を持たない人が増えてきた。

そういうふうになると、勉強を全くしていない人と、勉強をきちんとした上で、それを脱構築している人が表面上、同じに見える。インテリジェンスの世界とよく似ているんです。インテリジェンスの世界は、オペレーションが一番うまくいっている時では、やっていることが見えないですから、表面上は何もしていない時と一緒。露見した時は失敗です。

それから、私は最近、病気に逃げ込む学生が増えてきた感じがするんです。

竹内　確かに、ある時期からリストカットなどの自傷行為をする学生が増えたね。医療やカウンセリングという専門職産業が発達してくると、とにかく病名を付けなければならない。そこから過剰診断という「医原病」や「カウンセリング病」が蔓延することにもなります。

佐藤　近年は発達障害であると自称する、「私ができないのは発達障害だから仕方がない」という学生が増えてきたように感じます。

これによって、自分が集中して何かの勉強ができないのは、器質的な、脳内の化学物質の分泌の問題だから仕方がないという言い訳ができる。精神科医の香山リカさんが、『「発達障害」と言いたがる人たち』（ＳＢ新書、２０１８年）という本で書いているのですが、ここ数年、臨床の現場で、自分は発達障害ではないかと言う人が増えているそうです。自分はＡＤＨＤ（注意欠陥・多動性障害）、あるいはアスペルガー症候群ではないかと疑う人がたくさん来る。それで、あなたは違いますよと診断すると、ものすごく悲しそうな顔をする。怒り出す人もいるらしい（笑）。

どうしても何かの診断名を付けてほしいんですね。結局、そこで働いている機制というのは、病気だから自己責任ではないんだということなんです。だから、病気だという形でないと、今の自分のキツさからは逃れられない。この仮説は説得力がある。

竹内　確かに、病気は自己責任の近代社会における唯一の逃げ場となった面があります。とても苦しい時に、病気といえば免罪となる面がある。しかし、制度というのはいつも極端にまでいきますね。その揚げ句が過剰診断や病気利用ということです。デリケートな問題ですがちょっと何かあると「発達障害ではないか」としがちで、親もびくびくしてしまうんだよね。

佐藤　それで親が子どもについて地域の健康支援センター（保健所）に相談すると、精神科医や臨床心理士に紹介されて病気が「発見」され、発達障害と認定されることもある。

竹内　だけど、そういった病名を付けるんだったら、「人間全体の3割くらいは発達障害らしい」という話もあって、慎重に考えないといけない。3割もいるとしたら、それはそもそも病気なのかどうかということだと思いますよ。

佐藤　確かに、大学の先生の中にも博士論文を書くために学問に打ち込んで、そのことだけに集中して10カ月ずっとやっている人ならば、ざらにいますけれど、誰かがその姿を見ていたら、「これは絶対に病気だ」って言う人もいると思いますよ（笑）。特定のことへのこだわりが強くて人の意見を聞かないとか。

■隠れた教育イデオロギー

竹内　そういう昨今の過剰なレッテル貼りの風潮を見ると、「多様性」とか言いながら、結局、非常に画一的な教育イデオロギーが支配していることが浮かび上がりますね。

パラリンピック関係の仕事をしている人が、ついこの間、こんなことを言っていました。「多様性」と言いながら、学校の教員が一番どうしたらいいか分からないようで、われわれにどうしたらよいか聞きに来ると。そもそも日本社会は昔から夏服や冬服などのように「標準」がありました。戦後は、良い学校から安定した企業へという人生の標準モデルもあった。今は服装の標準はなくなり、人生の標準モデルも衰退したけれど、もっと目に見えない標準は依然として、いや、かえって強くなっているように思います。「KY（空気が読めない）」などといった言葉はそうした一般次元の標準が規範として働いていることの表れでしょう。となると、教員の中にも「普通人」教育イデオロギーが実はしっかりと根付いていることになる。少しでも普通ではないと思われる生徒に敏感になり、矯正しなくてはという教育者の職業的熱意になる。これが過剰診断と共振するのではないでしょうか。

教育イデオロギーというと、左右の政治イデオロギーを言うことが多いですが、こうした隠れた教育イデオロギーをあぶり出し、検討しないといけないなと思います。

佐藤 発達障害については、保育園や幼稚園の先生もピリピリしていますね。

竹内 しかし、病気ということでレッテルを貼ると不可解なことが一応、形にされるからラクになることもあるのでしょう。

佐藤 しかもそのこととビジネスは結び付いている。臨床心理士や公認心理師をたくさん作っているのだから、こうした専門家が増えれば、先ほど確認した通り、それだけ「障害」が「発見」されることになります。

竹内 精神科医の中井久夫さんが書いた『分裂病と人類』（東京大学出版会、１９８２年）という面白い本があった。その中で、中井さんも同じことを言っていますよ。

大卒者といっても、中世では官僚や宮廷人への道は限られている。大きな受け皿は法官職だった。魔女狩りが増えると、法官職の需要が拡大し、不安定な身分をかこつ大卒者はその地位を確実なものとさせた。魔女の財産は没収され、裁判官のものとなったからである、と。確かにビジネスと関係ありますね。

佐藤 必ずそうなります。だって、大学でもカタカナ語学部とかがどんどん増えるのは、明らかに大学の拡大と関係している。しかしもう1回原点に帰ることで、どうやって教育を立て直していくか、これがやはり非常に重要な問題です。

■入学歴社会の終わり

佐藤 それから、今、確実に起きているのは「入学歴社会の終わり」ですね。日本は「学歴社会」といわれているんですけれども、そうではなくて、「入学歴社会」、すなわち、18歳から19歳の時に記憶したことを再現する能力をテストするという偏差値型での序列で、どの大学に入ったかによって、その人間の一生の能力が評価されてきた。これが今、明らかに崩れてきています。

しかしその後、真の学歴社会が来たかといっても、そうはなっていない。学士号なり修士号なり博士号なり、それが、どの程度の意味があるのかと。社会でも適正に評価されてはいないですね。

竹内 学部卒後、大学院に行き、博士課程を出たから学部卒より高学歴者ということにはならなくて、高卒後、学部段階でどういう大学に入ったかだけが問われているだけやから、そもそも日本は、言葉として正確な意味での学歴社会ではないですね。

佐藤　一つの理由は「新自由主義」です。大学で学んだこと、学知の内容はそこでは全然問われない。「どの大学を出たかは知りませんが、逆に、あなたの働きではいくら稼げるの？」と、その観点だけで見る。

■学べる時間が少ない

佐藤　もう一つ、重要なことは学べる時間の問題です。今の日本の就活を踏まえて現実的に考えると、今、私は優秀な学生には、研究職に就くことは勧めないけれども、とりあえず修士課程までは行けと勧めているんです。

どうしてかというと、勉強できる期間を考えてみると、学部入学後、1年生で入ってすぐにエンジンがかかったと仮定しても、就活があると3年の春学期の初めまでしか勉強できません。就活が始まってしまうので。その就活に煩わされて、内定が出るのが翌年の6月。それで大学に戻って来ても、翌年の2月までほとんどやることがないんですよ。しかも、だいたい大学入ってきたら、最初の夏休みぐらいまでは「ああ、ようやく解放された」という感じで勉強しないのが普通です。そうなると、学部だと4年間のうち、実質2年間しか勉強しない。

しかし、大学院まで行くと、大学院の就活期間は短いですから、修士課程1年の年明け1月中旬くらいから就活が始まっても6月の初めには内定が出る。5カ月程度で決着がつく。それで戻って来た後は、修士論文を書かないといけないですから、大学院の場合は、かっちりと勉強する学生だったら学部と合わせて5年半、それで学部1年生の夏まで遊びほうけても、5年間は勉強する期間がある。だから院に進学するかどうかで2年と5年の違いが出ます。

竹内　それに関してですが、私は随分前から学部3年制を提案しています。イギリスは医学や工学を除けばだいたいは3年制です。イギリス人に言わせると、アメリカは中等教育が貧困だから大学は4年必要だけれども、イギリスは中等教育が充実しているから3年でよいのだと。

日本の場合は、大学院進学者、特に文系はそれほど進学率は伸びてはいないです。ジャーナリストや公務員をはじめとする専門職においても学部卒がほとんどというのは日本だけでしょう。学部を3年制にすれば、大学院への進学は身近な問題になるでしょう。

今よりはるかに多くの学生が修士課程に進学することになると思います。4年間の修学が1年増えるだけですから。もちろん学部3年だけの卒業者がいてもよいのですが、学部を戦前の専門学校のように専門教育の場とするか、旧制高等学校のように教養教育の場とするかを明確化することです。

今は、専門教育の場なのか、教養教育の場なのか、どっちとでも取れるような、裏返せばどっちでもないようなものになってしまっているように思えます。戦前の大学は今でいえば大学院修士課程相当ですが、旧制高等学校や大学予科だけの学生を入学させたわけではなく、専門学校卒業生にも門戸を開いていました。教養大学でも専門大学でもどちらにも大学院の門戸が開かれているということが必要だろうと思います。

佐藤　それは重要な指摘です。教養教育にせよ専門教育にせよ、高等教育レベルの質をきちんと担保した教育を行うことが死活的に重要だと思います。

■就活が問題

竹内　就活は、やはり日本の経済界の問題ですね。役に立つ勉強を大学にそんなに強要するんやったら、自分らの採用をもっと考えないといけない。専門も重視していないし。いわけですから。

佐藤　そう。今やきちんとＯＪＴ（On-The-Job Training：職場での教育研修）も充分にしな

竹内　どれだけ経済界が教育論を言っても、就活で半年から1年も学生を忙殺させるようなことをやっていたら、結局、大学教育なんかどうでもいいと思っているとしか考えられないのではないですか。

しかもこれ、日本の伝統ではないと思うんです。私が大学生の時、もっと専門は重視されていて、京大だって東大だって法学部とか経済学部でなければ大企業には行けませんでした。文学部や教育学部は駄目でしたよ。その意味で、専門はきちんと重視されていた。大学の成績も企業は重視していました。だから、今起きていることは、日本型雇用の伝統でも何でもないと思います。

佐藤　本当にそうですよね。でも終身雇用制が、特に企業の上の方に行く人間に関しては崩れないと思うんです。

竹内　一部はね。

佐藤　今までで言うところの総合職の人と、いわゆる専門職。能力を上げている人間に

関しては、企業は今後も終身雇用制で抱えていく。そのために厳しくいろいろな装置を作ると思うんです。それから理系の場合は、逆にあまり就活がない。大学にもよりますが、研究室推薦がありますから。京大の理系でも証券会社に行きたいとか、金融関係に行きたいとか、道を大きく変える人以外は、あまり就活はしていないのではないでしょうか。その意味からしても、理系と文系は、大学で勉強する時間が物理的に違う。そもそも理系の方が、単位を取ることが厳しくて、実験などがあることだけではなくて、物理的にやはり就活の中身が違う。でも就活って、先ほど確認した通り、内定が出た後の残りの時間がもう全部無駄になるという形で、4年生なんてないんです。これはひどい。

竹内　ただ、全部悪いわけでもなくて、私は長年、学生に教えていて感じたんですけど、ゼミの発表はうまくなりますよ（笑）。就活は面接で何か話すでしょ。うまくなるのよ、確かに。また、就活は「初めてのおつかい」のようなもので、自分で責任を持ってやるところが経験で、ちょっとたくましくなったかなということもある。でも、そのために1年間も必要かどうかは、はなはだ疑問やけど。

佐藤　一方で、現状の大学院は定員を増やし過ぎて、安易に院に学生が流れている状況もありますね。実は、私が教えている講座でも大学院生の受講を認めないようにしていた時期があります。学力が低くて、学部生に悪い影響を与えることがあるから。

竹内 そういう問題は、確かに起こっているね。私の大学時代には国立大学では、大学院生だけの授業科目は少なく、学部・院共通といった科目が多かった。学部生が大学院生と一緒になることで、「接触効果」の効用がありましたが、今は、一部の大学院では学部・院共通授業をやると、院生ってこんな程度なのと逆効果すら起こるかもしれません。

佐藤 就活に失敗してから、逃げて院に来る人がいます。そういう人はあまり勉強していないから、学部1、2年生が見た時に、あれが院生なんだと思ってしまうことがある。これはまずい。

竹内 逆学歴社会現象の表れということか。

佐藤 そうです。でもこのことは、東大の先生も言っていました。大学院は授業が成立しないので、すごく大変なんだと。私も学部の学生には、それこそ神学論文を英文で渡して、院生には、君たちは修論書きが忙しいだろうと言って、日本語のものを渡しています。学力差があるから、英語だと院生が全然消化できないんですよ。これにはびっくりしました。

竹内 だけど、そうは言っても、今後の世の中で、日本だけが管理職や専門職に就く人が学部卒がずっと続くっていうのは、何か変でしょ。

佐藤　国際基準からすれば、とてもおかしな事態です。そういった人間は優秀だから仕事しながら覚えていくということなのでしょうが、でも、これは後進国の促成栽培の発想です。日本の大学や学会紀要の査読制度(注10)も実質的に機能していないのではないですか。形だけの査読になっていて。

竹内　学会誌では、まあ機能しているところはありますが、作法重視で面白いことを書いても実証できていないとか、「才能殺し」もありますよね。これは日本だけのことではなく、学問が制度化すると生じる学知の官僚制化でしょう。問題はそれぞれの大学の学部で出している紀要ですね。これも査読制度を取り入れています。もちろん良い論文もありますが、指導教員などが知り合いに査読を頼みますから、査読者は忖度するでしょう。

佐藤　本当にどうしようもないのだけははじくと。

竹内　そうです。だから、大学紀要にしか書けない先生は「紀要（器用）貧乏」。紀要にも書けない先生は、「不紀要《ぶきよう》教授」と言った（笑）。大学紀要は得てして研究しているというアリバイのための刊行物でした。外国では一般的ではないんじゃないかな。

佐藤　たとえ紀要論文でも本当に学術的な価値のあるものだったら、査読して理解できる人が何人いるかということになりますよ。査読した人間が完璧に理解できるんだったら、それはアカデミックな観点から言えば価値はほぼないということです。ここは分かるけど、ここは分からない、どうやら新しいところがあると、そういうことに意味があるわけですから。だいたい博士論文だって、本来だったらそう簡単に審査できないものですよね。

それからもう一つ、工学系、特にＡＩ（人工知能）を専門にする人に時々いるのですが、理屈なんか関係ないんだと。できればいいんだろ、と結果がすべてという極端なところもある。アプリを作ってゲームとかで当てればいいんだろと。飛行機だってどういう仕組みで飛ぶか分からないけれど、結果、飛んでいるんだから、それでいいんだろと。原理は関係ねぇって。こういう知的に乱暴な態度が放置されているのは問題です。

（注10）研究者が学会誌や大学紀要に論文を投稿する際、同分野の研究者・専門家による評価を受けること。査読の結果、「採録」の判定を受けた論文が掲載される。

学校数の変遷

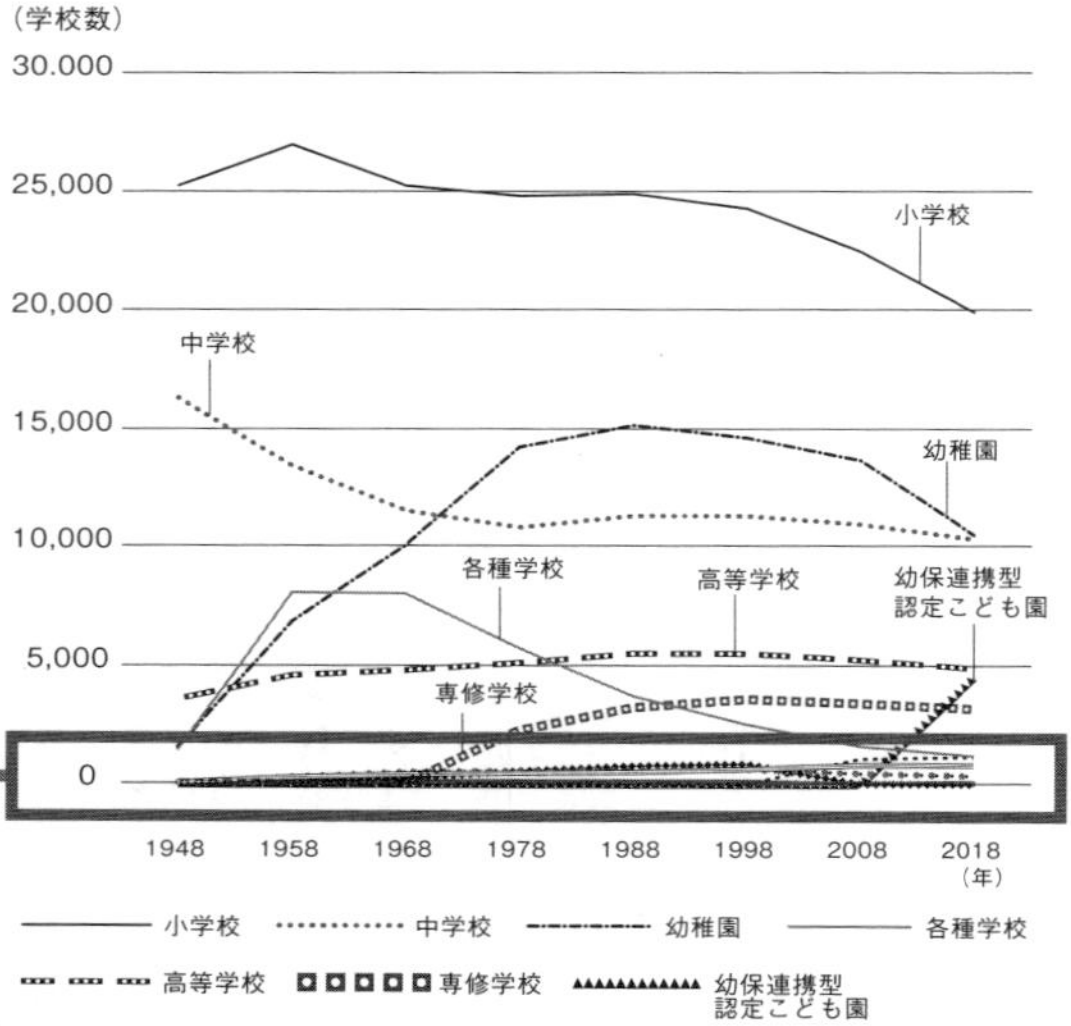

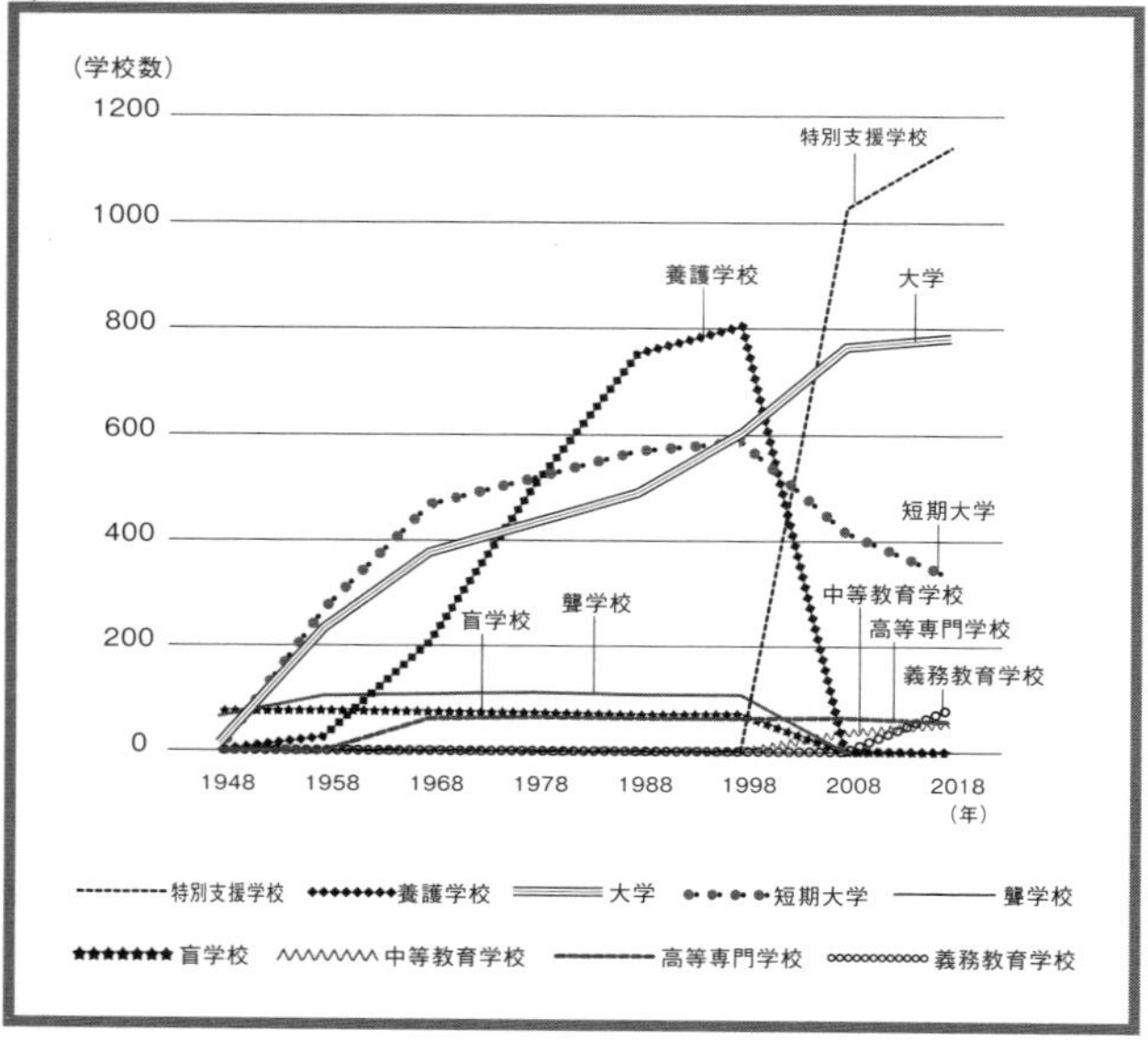

文部科学省　学校基本調査より作成

3.

大学で何を学ぶのか(What)

■続く大学入試改革

竹内　佐藤さん、大学改革については、どう思いますか。大学改革は１９９０年代からずっと続いていて、もう「改革疲れ」とも言えるような状況です。

佐藤　大学改革の本質はどこにあるかというと入試改革です。何かを変えたいと思っても、結局、入試制度を変えない限り、大学は大きく変わらないと思うんです。入試制度を変えると、それに合わせて、まず受験産業が変わって、次に高校の進学校が変わって、それがトリクルダウンして（したたり落ちて）下に降りていき、進学校の中学校に降りて幅広く変化していく。入試の在り方を変えると改革は広がっていきます。

入試の変遷を考えると、私はゼロ戦（零式艦上戦闘機）のことを思い出すんです。ゼロ戦は紀元２６００年（１９４０年＝昭和15年）に造られました。一一型から始まって何度もマイナーチェンジをして、結局5年間使い切って、最初の頃は無敵の戦闘機だったんですが、最後はＢ29に体当たりしても相手が墜落しないというくらいぼろぼろな状態だった。試験というのも同じで、どんどんマイナーチェンジをしながら使うけれども、どこかで抜本的に変えないと、最後にぼろぼろになる。

今の大学入試を画期的に変えたのは１９７９年に行われた「共通一次試験」だと思うんです。それまでマークシート方式の試験は市民権を得ていなかった。例えば京都大学の入試で、学生をマークシートで選別するという発想はそれまでなかったと思う。せいぜい東京大学の1次試験で、郵便番号読み取り機のようなもので数学の解答を読み取らせる。でもそれは、答案を見る人数を絞り込むということで使う、つまり、足切りで使うぐらいの発想しかなかったと思うんです。ところが、今、東京大学の入試は、９００点満点で９割くらい取らないといけない。

竹内　大学入試センター試験はそうだね。難関大学では受験者の得点が高過ぎて選別力を持つには足りなくて、注意力の違いになってしまっているところがある。

佐藤　センター試験になって、今は東大も、２次試験の時に１１０点分に圧縮しています。この１１０点分への圧縮、５５０分の１１０というのは結構大きいですよ。センター試験で点数がきちんと取れていないと大学に落ちるということになった。だから最初は、大学は足切りくらいの軽い意識で入れたのだろうけれども、受験者はそこにウエイトを置かなくてはいけなくなった。

それで、共通一次試験、その後の大学入試センター試験ですが、そうした試験があまねく広がった結果、何が起きたかというと、偏差値が過剰な意味を持つようになり、大学の序列化が起きた。センター試験は共通一次試験とは異なり、私立大学も参加しましたから、私大にも大変な悪影響を及ぼした。その一つは文系の数学離れです。

入学試験から数学を外すと、受験生が集まるから偏差値が大体5ぐらい上がると言われています。最後まで数学を入試に入れて頑張っていたのが慶應の経済学部と同志社の商学部だったんですけれども、結局、慶應がなぜ早稲田の政経にあんなに水をあけられるんだという話が出てきた。慶應の法学部政治学科よりも経済学部の偏差値が低くなったことが、慶應の同窓会「三田会」でも大変なショックで、非数学受験枠を作ったという話を聞いたことがあります。数学がなくなり負担感が減るから受験者が殺到して、結果として偏差値が上がる。でも、その結果、国際的に極めて珍しい、数学がほとんどできない経済学部卒、あるいは経済学修士号を持った人が出てくるという異常事態になるわけです。

これではまずいということに気が付いて、1990年代ぐらいからかなり認識は進んできたと思うんです。だから、文理融合をしてみようとか、いろいろな制度をいじってみるということはやってみた。あるいは小論文を課して、積極的に何かやろうという意識を見ることを試みた。しかし、受験産業がいつも対応して大学の先を行く。向こうはそれで飯を食っているわけですから、常に上手なんですね。

■「AO的人間」

佐藤　２０２０年から大学入試センター試験が変わり、「大学共通テスト」になります。(注11)英語は民間等の外部試験にして、数学と国語に記述式試験を入れて変えていくということになったわけです。

私は、大学共通テストの試行試験について現代社会と数学を解いてみたんです。現在の大学入試センター試験よりも少し難しいのではないかと思いました。今の高校生がこの試験を受けて、国立大学では有意な差が出るのは旧帝大プラス一橋大などのレベルでないと判定できないと思います。国立でも中堅大学以下になると、軒並み平均点が下がって30点とかになって選別できないでしょうね。ただ、基本的な方向として、国際基準では、高等教育でこれぐらいのものが必要だということを示す意味で、文部科学省も大学入試センターも一生懸命やっていると思うんですけどね。

竹内　もう一つは、推薦入試と、小論文や面接などで判定するＡＯ（アドミッションズ・オフィス）入試。(注12) 大学はあれを導入してから迷走しはじめたと思う。

表向きの趣旨としたら、学力だけでなく、個性的でモチベーションが高い学生を取りたいから導入したと言うけれど、大学は換骨奪胎するのが得意やから、少子化で学生集めのいい口実になっている側面がある。私学だと、もう半分ぐらい推薦やＡＯで学生が入っていて、偏差値も90年代あたりの学生数が多かった頃のピークに比べれば、母集団が半減していて、受験者の学力を測るのに当てにならない。

佐藤　面接で周囲の磁場を変化させる、いわば錬金術師のような才能があると、ＡＯ入試は抜けられるんです。

竹内　なるほど、錬金術師（笑）。それはそれで才能だけど。推薦やＡＯ入試で大学に入ると、何か世の中を甘く見るようなところが出てくるのではないですか。「コミュ力」といわれる「能力」のお墨付きを得たと思うのが怖い。そこで出来るのは「ＡＯ的人間」だな。

佐藤　そういえば竹内先生、産経新聞の「正論」欄にコミュ力ばやりの世相について書いていましたね。

竹内　「万能薬のように徘徊する『コミュ力』という妖怪」（産経新聞２０１７年４月３日付）というエッセイです。大学関係者も賛同する人が多かったようで、小論文試験に複数の大学で使われました。つづめて言えば以下のようなものです。

近年「コミュ力」という言葉が飛び交っている。コミュ力が高いとか低いとか言われて、中には「コミュ障」（他人との会話が苦痛で苦手）という言葉すらある。

コミュ力とは、「コミュニケーション（意思疎通）能力」のことだが、これまでの、知識量や従順さ、勤勉性などの「近代型能力」に対して、これからの時代は、創造性や能動性、交渉力といった「ポスト近代型能力」が必要だと言われ出したことが背景にある。

しかし、こうした「コミュ力」をはじめとした「ポスト近代型能力」は、具体的にどういったものを指し示すかといったことや、どのようにその力を付けるかは分かりにくい、あいまいさも伴っている。

また、コミュ力を発揮しているのは、例えばお笑いタレントなどだが、彼らが発揮するコミュ力は、あくまでも虚構の世界で「空気を読みながら」演じているものであって、これを実生活にそのまま持ち込めば「舌先三寸」とか、「調子のよい奴」とされて、信頼や信用を失いかねない危険なものでもある。

考えてみれば、生き馬の目を抜くような芸人の世界も、実は律儀さや「近代型能力」を発揮しながら生き抜いているはずで、そうみれば近代型能力を軽く見てはいけないのです。

佐藤　まさしくその通りだと思います。

■丸投げされる入試問題

佐藤　ところで先生、最近の私立大学医学部の入試問題って見たことありますか？

竹内　いや、ないです。

佐藤　２次試験の小論文の問題。これは、ちょっと大げさに言えば「裏口入学」のためにあるようなものなんです。

竹内　そうなんですか。

佐藤　例えば、小論文の問題。設問が「脳死問題についてどう考えるか」とか、受験者の考えを聞く問題が多い。つまり、客観的な知識を問うていない。採点基準がどこにあるのかも分からない。だから、大学の理事長か誰かが、受験者の点をこっそり上げたとしても、関係者の誰かが学外に話さなければ、その点数操作は絶対に分からないんです。

竹内　しかし、そういう問題は誰が出題しているのかな。採点は誰がしているのだろうか。「脳死問題」を考えるなんて、総合大学だったら、倫理学や法哲学などの教員もいるから、できるかもしれないけど、医学部の先生だけで対応するのは難しいでしょう。

佐藤　私も単科医大の教育内容には、かねがね疑問を持っているんです。私が教えに行っている埼玉県立浦和高校から、ある難関私立医大に受かった生徒がいた。入試について聞いてみたら、その医大の数学の2次試験がマークシートだった。これにはびっくりしました。出題形式がマークシートであるというのは、大学は作問と採点ができないということなんですよ。適切な入試問題を作問できるレベルの数学の先生がいないから、おそらく予備校かどこかに作問と採点を丸投げしているんです。

医大入試で、特に、数学の作問において記述式の試験ができない。これはやはり由々しき事態だと思う。入り口がこんなありさまでは、中に入ってからの教養教育のレベルが知れてますからね。

竹内　その意味では、医学部だけではなくて、単科大学全般の問題ですね。

佐藤　そう思います。一部の医学部は、今や戦前の医専（旧制医学専門学校）に似ていると思います。総合的な教養を付けることを重視していた戦前は、軍医になる時、一階級違いました。医専出身か医学部出身かで。

竹内　戦時中は軍医が大量に必要になって、医師増産のために臨時医専も出来ましたね。

佐藤　それを考えると、やはり歴史は繰り返していて、一部の私立医大が総合大学の医学部と同じではなくて、入試で、しかも数学が大学の外側に丸投げになっていることも専門学校であると考えれば納得できなくもない。これは深刻な問題だと思います。

■「作問力」が大学入試の決め手

佐藤　だから、これからは大学入試が重要なんです。同志社の試験を作っている面白い先生がいて、その人は京大の情報工学系から来た数学者です。彼も「作問力」が重要だと言っています。

竹内　「作問力」。つまり入学試験問題の作り方ですね。

佐藤　そうです。早稲田と慶應と同志社は、作問の方針がはっきりしているんです。早慶は東大に合格した受験者をいかに落とすかが課題。同志社の場合、京大に合格した受験者をいかに落とすかが重要。要するに、同志社にとっては、「京大の滑り止め」にしないということが生命線なんです。

センター試験に関して、例えば同志社の神学部は英語だけですが得点率を約90％にしています。これは東大や京大に通るレベルです。どうしてそういうところに設定しているかというと、どこかの大学を落ちて、滑り止めで合格したからという理由で入学しても、結局、不本意入学だといずれ全体の士気が落ちて神学の勉強についていけなくなるからです。だから、いかにして作問で考え抜かれた問題を出して、京大と同志社を併願している受験者をはじくかが、特に同志社の理工学部とか生命医科学部は重要になる。

そのために、何をやっているかといったら、数学の問題を全部記述式にしています。これで数学担当の入試委員は採点が大変だから「地獄」だろうと思います。それから、社会も国語も記述式を入れています。英語は記述式がもともと多い。

予備校などに作問や採点を丸投げしている大学が多い中で、同志社は、この作問力によって生き残っていくことを考えているんです。

■理系か文系か

佐藤　医学部の話をもう少しすると、一部の高校の進学校、特に中高一貫校における理系信仰、特に異常な「医学部信仰」が問題です。

率直に見て、社会の超上層部は全部文系ではないですか。これは、どの国もそうですよ。それは簡単な話で、理系は基本的に実験が可能な、法則が定立された世界の話で学問を構成し、文系は個性記述の学問だからです。理系から出てトップの方になる人ももちろんいますけれども、その人たちはみんな上に行くほど、文系的な仕事をしています。だから、理系で就職して、仕事で成果を上げて特許をたくさん取ってどこかの研究所の所長になり、その業績が買われて、それでは会社全体をマネージしてみろという方向にはなかなかならない。

要するに、文系の集合の中に理系でやることが含まれてしまう。だから、社会をトータルに見る仕事になると、どうしても文系になる。だから、理系で就職したら、将来は安泰だと思っている人がいるのかもしれないんだけれども、専門職としては常に「見えざるガラスの天井」があるんです。

竹内　悲惨なのは、東大もそうなのかもしれないけれど、京大なんかの理学部。工学部やったらそんなことないんだけれど、理学部は数学などがすごくできる学生が多い。だけど数学ができるだけではなかなか良い就職口はない。学校の先生にでもなれれば別だけど。

それに関して、こういうことがあります。私が若い頃の話だから、だいぶん前のことですが、当時、非常勤講師で大阪大学医学部生対象に一般教養の社会学を教えていました。受講生の中に地方国立大学の理学部に入学したのだけれども、もう一度、受験勉強して阪大の医学部に入学したという学生が多いのにびっくりしました。理学部入学であれば、理系科目はお手の物で、英語もできるでしょう。国語と社会だけを改めて勉強すればよいからだと思ったことを覚えています。

それから、子どもの時からものすごく数学ができて、京大理学部に現役で入った人がいて、知っている人の息子だったので、それで今、どうしているのと聞いたら、出版社で受験参考書を作っていると。数学が抜群にできたのに、数学の参考書作りだけではもったいないなぁと思った。何のために、難しい数学を勉強してきたのかと。

佐藤　教えるといっても、数学の才能を生かして大学の先生になれればいいけれども、そうでないと、中学・高校の先生になる。教えることは大切だけれど、才能がもったいない。

竹内 ただ、日本のビジネスリーダーは、意外と理系が社長になっている。理学部というよりは工学部ですけどね。だから、一見すると、日本の社長は法学部出身が多いと思われがちだけれど、意外と理系の社長はいます。でもそれは、佐藤さんが言ったように、必ずしも理系を生かしているわけではないのかもしれませんが。

佐藤 例えば、日本たばこ産業株式会社（JT）で一番若く社長になった寺畠正道さんは、京大工学部出身です。彼のキャリアを聞いてみると、大学では化学を専攻していたそうです。しかし、入社後は研究開発部門とは全く関係なくて、28歳の時にM&A（合併と買収）で買ったイギリスのマンチェスターの会社の運営をやれと言われた。その後、本社とぶつかってその会社を潰した。その時に本社の言う通りにやっていればよかったんだなと。それが自分の原体験になっていると言っていました。この人と話して面白かったのは、間違いをすごく素直に認めるところでした。このあたりはやはり理系的だと思うんですね。

加熱式たばこはアメリカのフィリップモリスにほとんどシェアを取られている。寺畠さんはそんな伸び率になるとは全然思ってなかった。完全に読みを間違えたと。率直に反省していました。

竹内　トップに大切なことは間違いを率直に認めて迅速に軌道修正できることですね。そのためには近くに「イエスマン」ばかりをはべらせるのではなく、モノ申すことができる側近を置くこと、耳に痛い意見を言える雰囲気をつくることです。ところが最近はそれが出来にくくなっているのではないでしょうか。

佐藤　と言いますと。

竹内　「不遇をかこつ」という言葉があります。世に恵まれず、実力にふさわしい処遇がなされない、と不満や愚痴を言うことです。「能力や努力によって人は何にでもなれる」とあおる近代社会が、必然的にはらむ遺恨感情でもあります。自分は有能なのだから、現在の地位よりもっと上にいるはずだという「不遇感」ですね。

居酒屋などでサラリーマンが集まると、出世街道の先端を走っている人の悪口を言ったりすることが、その表れです。しかし、より注目したいのは「不遇感」ではなく「優遇感」の方です。平等社会の中でトップになる人には不遇感はもちろんないのですが、ふと、こんな自分がＣＥＯ（最高経営責任者）やＣＯＯ（最高執行責任者）なったのは、まったくもって僥倖によるものではないかと頭をかすめる「優遇感コンプレックス」があるのではないかと思うのです。

家筋で地位や職業が決まる時代や、特定の学歴や資格で地位が決まる場合は、能力を持ち、努力をした自分にふさわしいと心から思えるものですが、平等な競争といっても、実際は運も引きも介在するわけですから、もしかすると「自分の今日はたまたまなのではないか」「自分は本当に今の状況に値する能力の持ち主か」という不安が頭をよぎることもあるのではないでしょうか。

政治家や経済界の偉い人の中には、官僚や部下の異論に出合うと、激昂する人がいますが、これは胸奥にしまいこんだこうした不安感と同期するからではあるまいかと思うことがあります。周囲に「イエスマン」を置きたがるのも、そうした地位不安が意識化することを避ける故ではないでしょうか。彼らが、時としてなす居丈高な発言も、自信の表れというよりも、そんな不安を糊塗する振る舞いのようにさえ見えてきます。

そう見れば、間違いを率直に認めたり、モノ申す部下を重用したり、そういう雰囲気を作るトップこそ、真に自信のある指導者ということになると思います。自信があればこそ、謙虚でもあるわけです。

■理系的思考

佐藤　企業のトップが率直に直近のことでも「自分はここで間違えた」と言う。これは立派ですよね。それで、先ほどの寺島さんに聞いてみたんです。「これからどういう人材が必要か、あるいは、どういう人がいると困るか」と。そうしたら、いらない人材については、「会社に入ってもうこれで安泰だと思っている人はいらない」と言っていました。それから、自分の意見がない人、現状に満足してチャレンジする精神のない人はいらないと。たとえそれが青臭い議論であっても、ＪＴは議論をすることでその人を排除するような会社ではないとも言っていましたね。彼の理系的な精神は、経営マインドで生きているんだなと分かりました。

工学や化学で学んだことは、直接には経営の仕事につながっているわけではないかもしれないけれども、理系的なマインドは生きているから、Ｍ＆Ａを積極的に攻めていくことができる。非常に魅力的な人物でした。

竹内　なるほど。

私が覚えているのは冲中重雄さんという東大医学部の先生の最終講義。自分がどれだけ誤診したかという話をしていました。医学部長まで務めた有名な先生がそんな話をするので、当時話題になった。

でもむしろ、それやったら政治家も理系の人がなった方がいいんじゃない（笑）。

佐藤　理系の政治家で思い浮かぶのは、直近で言うと鳩山由紀夫さんと菅直人さんですね。

竹内　菅さんは東京工業大学を出ていて理系ですが、大学できちんと勉強していたのかな。

佐藤　私は2011年の東日本大震災については、菅さんが総理でなければ、もっと深刻な事態になっていたと思っています。実は私、彼の選挙の時、応援メッセージを寄せたこともあるんです。彼に対する評価は、私はフェアだと思っています。東日本大震災のことで言うと、彼は情報統制に成功したということなんです。

竹内　そうなんですか。

佐藤　だから彼は非常に全体主義的な人だと。

竹内　それ、褒めているんですか、けなしているんですか（笑）。

佐藤　でも、震災直後の危機的状況で真実をそのままリアルタイムで明らかにしていったら、都市パニックが起きて大変なことになっていたと思うんです。

竹内　菅さん自身がパニクっていたように見えましたが（笑）。

佐藤　当時、菅さんは異常な立ち居振る舞いを幾つかしたように見えるんだけれども、これは都市パニックを起こさないという意図があったからだと思います。

竹内　計算ずくだったと（笑）。

佐藤　事態がどれくらい深刻かということについては、彼はよく分かっていた。だからそこは良かったと思うんです。

もしあの時に自民党政権だったら、野党は「自民党の失策だ」と東日本大震災を政争の具にしたと思う。原発推進の自民党がその時に野党だったから、当時の民主党政権を攻撃できなかった。それでオールジャパンで震災対策を取ることができた。もしあの時、自民党が政権の座にあったら、野党はこれぞ自民党政権の最終的な結果だとして、倒閣運動をして、その結果、震災の対応が遅れて、日本は壊滅的な事態に陥っていたかもしれない。

竹内　可能性としてはあり得ました。

佐藤　それと同時に、都市パニックが起きる。もし東京で都市パニックが起きたら大混乱に陥って、日本経済はとんでもない状況になったと思います。

本当にあの時は大変でしたけれど、一方でとても興味深いことがあった。日本人は「自己検閲」するんです。震災後間もなく、東京駅から下りの東海道新幹線は切符が買えない状態だったんですけれど、そんな報道は1本もなかった。あおらないようにとメディアも抑制していたんです。飛行機も全部満席で、私の知っている新聞社でも自分は東京にとどまるけれども、家族は沖縄とか九州に出したという人が結構いました。情報が一番集まる「要」の人たちは実はそういうことをやっていたんです。しかし、その人たちも非常な緊張感を持ってパニックを起こしてはいけないと自己検閲を行う。それで、私は、あの時に「菅直人を翼賛せよ」という文章を書いたんです。

例えば、菅さんが昔、応援していた市川房枝(注13)が選挙運動で唱えた「出たい人より出したい人」なんて大政翼賛会のスローガンそのものです。ボランティアは翼賛ですから。翼賛は強制力がなくて自発的にやるので、ボランティア精神の結集が結局翼賛です。本当にこの国は怪しげなんです。

竹内　やっぱり、褒めてるのか、けなしているのか分からないな(笑)。

翼賛に関連して思い出すのは、東日本大震災の後、日本在住の中国人女性作家と、ある宴席で同席した時のことです。彼女は中国で同じような大災害が起こったら、民衆の略奪をはじめとして、暴動が起こるだろうと言いました。日本ではそうならなかったのは、日本人には国家への信頼があるからだと。確かに、日本人は国家への悪口はよく言いますが、究極的なところでの信頼感は強いですね。もちろんそれが翼賛運動にもつながるという面も持っているわけですが。

佐藤　そう思います。

■国際常識と理系研究者

佐藤　もうちょっと理系の話をしますね。国立情報学研究所教授の新井紀子さんと以前、お会いした時に、「おもてなしロボット」の話を聞きました。これは新井さんが朝日新聞のコラムでも書いていたのですが、日本で受付嬢のロボットを開発してオリンピックで使おうと考えた。ところがヨーロッパで、なんで受付は女がやると決めつけるんだとひんしゅくを買ったという話です。

竹内　おもてなしを？

佐藤　ええ、おもてなしを。それはジェンダーバイアス（性的偏見）だ。だからそんな「ガラパゴス技術」でロボットを作っても海外には輸出できないと。しかし、そうした意識のない理系の人がロボットを作っちゃった。今、国際社会でジェンダーの意識がどうなっているか、分かっていないわけです。受付は女がやるものと決めつけて、それ自体が通用しないということが分かってないと。

竹内　なるほどね。

佐藤　確かにその通りだと思うと同時に、私がすごいなと思ったのは、受付ロボットを導入して成功しているテーマパークのハウステンボス（長崎県佐世保市）や、「変なホテル」（東京都中央区等）がある。これらのホテルは何と受付ロボットが恐竜なんです。

竹内　恐竜型ロボットか（笑）。

佐藤　国際展開を考えていて、外国人のお客が来ると恐竜ロボットが「いらっしゃいませ」とダミ声で言う。日本語で「いらっしゃいませ」、英語で「ウェルカム」、中国語と韓国語も併せて4カ国語をしゃべる恐竜ロボットなんですけれども、これだったら確かにジェンダーバイアスはない。

ビジネスに成功する人間は、ジェンダー感覚がある。だから、受付を女性ロボットと決めつけずに、一見グロテスクなんだけれど、恐竜にしちゃう。

竹内　恐竜で行けるところを、日本の人たちは無意識で女性ロボットを作ろうと一生懸命やってたわけね。

佐藤　そうなんです。おもてなしロボットを作ってデモンストレーションして、オリンピックで使おうと。

竹内　それはちょっとあかんやろうね。かなり昔の話ですが、私も、そういう失敗がありますよ。上の娘の連れ合いがアメリカ人で大学教員なんやけれど、夫婦で日本に一緒に来た時に私の研究室に来たんです。その時に事務補佐員がわれわれにお茶を持ってきた。それに対して彼はすごくびっくりしたんです。アメリカでは事務補佐員がいても、それは仕事だけをするのであって、お茶を持ってくるなんて考えられない。そう言ってました。アメリカならお茶くみは職務内容にないということになる。日本は就社社会で職務内容があいまい化するということもあります。でも日本だと当時やったら、普通のことやった。そういう意味では、私も反省したんだけど、理系の人にも教養教育が必要ですね。

佐藤　そうです。そういうところでの文理融合も重要です。文理融合チームでやらないと、商品化する時に致命的にネックになることに気が付かないわけじゃないですか。

竹内　説明書やマニュアルなんかでもそうだね。今は文系のテクニカルライターが書いているかもしれないけれど、電気製品などの説明書を見ると、そもそも日本語になっていないことがある。読んでいても何だか全然分からない。

佐藤　だいたいマニュアルが厚過ぎますよね。

竹内　そうですね。

佐藤　だから今、むしろ取扱説明書は2枚くらいで、見開きくらいで付いているものが増えてきましたよね。少し厚紙で、簡単になって。

竹内　まあ、突き詰めていくところが理系の良さかもしれないけれど。

■努力と全能感

佐藤　でも、自分の気質が本当に専門家的なところにあるんだったらいい。そうでないと悲惨です。少し前の話ですが、女性問題で新潟県知事を辞職した米山隆一さんがいましたよね。彼は医師という専門職を選び、その後、医師には適性がなかったと考えたのか、今度は司法試験に合格して弁護士となった。専門職でとどまっていたのなら、おそらく問題はなかったけれども、その後、県のトップとしての新潟県知事という総合職的な仕事をすることになって、幅広い修養と教養が必要とされることになって不適合を起こしたということではないかと思うんです。かなり「適応障害」を起こしていましたね。

竹内 彼はなぜ県知事になりたいと思ってチャレンジをしたのかな。普通やったら政治家なんていう大変な仕事は、よく考えてからチャレンジすると思うんやけど。

私はあの人を見た時、それこそ中高一貫校の理系から来て、大学や大学院を出て、そのまま研究員とか、大学の先生になったような人の典型だなと思った。

私は文系学部にいたから、卒業生にも比較的、女子学生が多いと思われるのか、知り合いから、「うちの研究員に、結婚相手としていい人はいませんか」とか、「結婚相手となる女性を紹介してほしい」とか、そういう話が時々あったんです。それで、話を聞いてみると、結婚を希望する男性は研究所の所員とかで、高校から大学にかけて、母親以外の女性と1回もしゃべったことがないとか言うんです。ずっと理系だから、周りにも女性は少ないと。私は米山さんを見て、そんな感じだったのと違うかなと思った。

佐藤 そうですよね。もっとも米山さんは高校から灘に入っているのですが。

竹内 昔、ある人のお見合いがあって、行きがかり上、最初だけ同席したことがあるんだけど、男性の方がいきなり「たんぱく質がどうのこうの」と相手の興味や関心にかまわず自分の研究のことを一方的に話し出して、これはあかんわと思ったら、案の定、お見合い相手の女性が、「もう結構です」という話になって。

佐藤　それ、絶対モテないですよ。

竹内　でもこれは、彼一人とかの問題ではなくて、中高一貫校で理系のコースから理系の大学、大学院、そして女性の少ない研究所というキャリアの人にありがちなコースやなと思った。今は少し変わってきたかもしれませんが。

佐藤　われわれが１００メートルを10秒以内で走ることには、その適性がないことは分かるので絶対に挑まない。でも努力すれば、何でもできると思い込む人もいる。先ほど例として挙げた米山さんには、そういうことが理解できなかったのでしょう。頑張って勉強して東大の理Ⅲに入った。司法試験にも合格した。その「全能感」から離れられなくて、これまで一度もその全能感を阻害する壁にぶち当たることがなかった。

全能感を阻害するもの、その一つは恋愛です。全能感を阻害する可能性があるから、たぶん、竹内先生がおっしゃった理系の研究者もそれまで避けてきたと思うんです。挫折する可能性があるということに直感的に気付いて。それで、どうするかというと、金銭を媒介して自分の欲望を叶える。少なくとも米山さんはそうしたわけです。

竹内　自分がもっと努力して偉くなればモテると考えていたのかな。それで、どんどんハードルを上げていって、知事になったらモテるに違いないとかね。

佐藤　内閣総理大臣になったらモテる、とか。

竹内　ちょうど有名大学へ行ったらモテるというのがどんどん昂じて、ハードルを上げていくような感じで。

佐藤　あれ、まだモテないな、おかしいなと。まだ努力が足りないか。理Ⅲで、医者になっただけでは足りなくて、ハーバード大学へ行ってみるかと。それでもまだモテないぞと。じゃ、司法試験でも受けてみるかと。そして知事になると、初めてモテてきたと。やった。これに違いないという初めての成功体験。でも、かなり悲しい話ですよね。

竹内　そういう発想そのものが、根本原因なのに……。モテる極意はモテたいと思わないことでしょう（笑）。

■受験エリートの悲しい性《さが》

佐藤　最近、東大の医師について調べていて面白かったのは、東大の医学部は１００人のうち7、８人、医師の国家試験に落ちているんです。

竹内　そうなんですか。

佐藤　東大は常に約10％弱、医師国家試験に受からない学生がいる。だから、他大学よりも医師国家試験の合格率が実は低い。

落ちる人には三つのカテゴリーがあるようです。第一は、遊びほうけて勉強しなかった学生、第二は、医者になるという心構えが変わってしまった学生、第三は、完璧主義の学生です。

この三つ目が意外と問題で、試験においてヤマを張れない人たちがいる。大学入試までは、ヤマを張らないで完璧主義で駆け抜けることができるんだけれども、司法試験や医師の国家試験、公務員試験になると、一通り勉強した上で、どこかにヤマを張らないといけない。完璧主義が資格試験や就職における試験では災いすることがあるんですよね。

今の東大生は、官僚になる人が減ってきているという話があるんですが、その東大生のメンタリティーは、私がかつて東大駒場の教養学部後期課程で教えていたことを思い出すと分かるんです。真面目で、常に上を目指すことが目的になるというメンタリティーです。それは自分がやりたいということよりも、とにかく上を目指すこと自体が目的になってしまっている。

例えば本郷の文学部哲学専修課程だったら割と進学しやすいです。文学部ドイツ語ドイツ文学専修課程も入りやすい。ところが、駒場の教養学部教養学科だと内部進学点が高いから入りにくい。だからそこを目指すというようなことです。

結局、一部の東大生は、自分がやりたいことよりも、内部進学点が非常に高いところを、「そこが高い」からという理由だけで目指すんです。

竹内 大勢が「高いんだ」と見なして、そこを目指すことによって高くなる。真偽が不確かな情報が実現してしまう「予言の自己成就」のメカニズムですね。

佐藤 ええ。それから教養学科の中には地域文化研究分科ドイツ研究コースがある。これはやはり文Ⅲならば上位3分の1以上に入っていないと進学できない。裏返して言うと、今、あまり人気がない東大の文学部インド哲学仏教学専修課程が、もし内部進学の進学点が一番高くなれば、今度はこぞってみんな印哲に進学すると思いますよ。だからやはり中身ではなくて、そこが占めている「高み」が問題なんです。

竹内　それは分かる気がします。私が京大の教育学部で教えていた時は、3年生から「系」に配属されるのですが、当時、臨床心理学系に入るのが一番難しかった。受験秀才にどういう習性があるかといったら、まさに難しいからそこに行くんだよね。先生たちは試験が大変だし、学生は多くなるしと不満たらたらでした。だから、私は「学生は難しいから行っているだけなんだから、難しいと宣言してしまう配属試験はもうやめたらどうですか」と言っていたんです。「1年目は大変だけど、2年目から急減しますよ」と言いました。試験をやめれば、本当に来たい学生しか来なくなるからと。試験があって、一番そこが難しいと思うと、そこに行かないとプライドが許さない学生が出てくる。これが受験エリートの性《さが》なのかなあ。

佐藤　高い山に登ること、それ自体が目的だということですね。

竹内　臨床心理学にそんなに興味がなくても、「入るのが難しい」という理由だけで、みんなそこを目指す。そうすると、難度が高くなって、実際に入るのがさらに難しくなる。だからユング心理学の泰斗、河合隼雄先生(注14)が定年退職したあたりだったかなあ、そのあたりから下火になって、教員数の割には、学生が少なくなってしまった。

佐藤　東大にしても今は、官僚よりも例えば投資銀行に行くことがブームだというのは、そこにみんなが行くからであって、特に東大の学生が金が好きになったということだけではないと思うんです。でも、この考えでいくと、周りを蹴落としていって、最終的に1人しかハッピーになれないという世界観になっちゃいますからね。

■持ち時間は意外と短い

佐藤　最近の大学生と話していると、彼らはよく分かっていないなと思うことがあって。まず、民間企業の定年が60歳だと思っている。でも実際は50歳を過ぎると自分の人生が見えてくるもので、大企業だったら定年前に管理職から外れていく「役職定年」というものがあるから、一部上場企業であれば55歳から56歳くらいで副社長以上になっていないと本社に残れない。だから、実質は52歳から53歳あたりで自分が入った会社から追い出される。意外と持ち時間は短いんです。

竹内　銀行はそうですよね。非常に早い段階で出向になるでしょう。官僚もそうですよね。

佐藤　ええ。官僚の場合は、外務省でかつてカネの不祥事が起きたでしょう（外務省機密費流用事件）。ちょうど２００１年度から外交官試験がなくなって一般の国家公務員試験に一本化されたんです。それで、外務省のキャリアの応募者は国家公務員試験の成績順で他の省庁よりも下の方になるのではないかと思ったら、意外とトップ、２番目あたりがたくさん入ってきた。でもそれは逆に不幸なことなんです。これは品性が悪い話なんですけれども、あの事件で、外務省はこんなに特権があって金がもうかるのかと。生涯給与が他の役所に行くのと比べて３倍近いことが分かってしまった。だったら、その特権にあずかりたいという連中が来るようになる。その連中が今、中堅以上ぐらいになってきているから、今の外交の体たらくになっていると私は見ています。

■「俗物」を生み出さない教育

佐藤　しばらく前に、「現代ビジネス」に週刊現代の記事が転載されているのを読んだんですけれども、教育を考える点でとても面白かった。

開成高から東大に行った3人の男が座談会をしている。いずれも40歳ぐらい。1人が投資銀行勤務で年収3億円。もう1人が1年外資系のメーカーに勤めたんだけれども、体質が合わないということで辞めて、関西の市役所に勤務して年収700万円。3番目が、文学部を卒業した後、私立の法科大学院で特待生の募集があるので応じたんだけれども、30過ぎまで司法試験に受からなくて、今、弁護士事務所勤務で年収300万円。3番目が開成では一番成績が良かった。

お前のようなつまらない奴がどうして出てくるのかといって、お互いののしり合っているという座談会です。地方公務員は自分は幸せで仕方がない。ベンツも1台持っているし、奥さんも資産家の娘で別に普段遣いの国産車もある。上司には「お前、東大出なのにこんなのもできないのか」と嫌みは言われるけれども、俺、開成で東大だと、地方の居酒屋に行った際に話す時の全能感がたまらない。これで十分満足と。

竹内　俗物だ（笑）。

佐藤　もう1人の弁護士の奴は東京から離れたくないと。地方に行けば弁護士の仕事、いっぱいあるじゃないかと言われると、いや、やはり東京から離れたくないし、そこで何とか世の中を変えるようなチャンスがあればいいと思っているんだけれども、なかなかうまくいっていない。それで、今、弁護士で、「童貞弁護士」というのが多いんだと。俺もその1人だ。女なんか寄りつかないと。

竹内　ハハハ。

佐藤　投資銀行の人は、とにかく10億円ためてセミリタイアする。それが夢だと。よくもまあこういう俗物が3人もそろって現れるものだと、ものすごく面白かった。

竹内　筒井康隆の『俗物図鑑』という映画化された小説があったな。それみたいですね。

佐藤　そうそう。どれが良い悪いではなくて、どうしてこういう俗物が3人も生まれてくるのか。どのコースも行きたいと思わない、自分の子どもに行かせたくないコースですね。

でもこれは、教育の危機を表しているんです。だから、私が教えている同志社とか先生がいらっしゃる関西大とか、地方に根っこがあって、学力的にボリュームゾーンにある人たちを受け入れている大学というのは、意外と俗物を生み出さなくて、いいのかもしれません。

竹内　そう言えば、ある時、京大と関大の学生の共同ゼミをしたことがあります。教室の隅に給湯器があったのですが、京大の学生は自分のお茶だけを入れて持ってくる。関大の学生は数人で手分けしてみんなの分を入れて持ってくる。それを当然のようにもらっている京大生もいた（笑）。この違いは大きいと思いました。

（注11）２０２０年度より導入される、大学入試センター試験の後継試験。知識・技能に加え、大学入学段階で求められる思考力・判断力・表現力を重視する。そのため、従来のマーク式問題に、数学・国語の一部で記述式問題を導入する。特に英語は、民間の資格・検定試験を活用し、４技能（聞く、話す、読む、書く）が評価対象となる。

（注12）大学の入学管理局（admissions office）の選考基準に基づき、高校の学業成績やスポーツ活動、ボランティア活動の実績などから多面的に評価する大学入試の方法。学校側が提示する学生像（アドミッション・ポリシー）が評価基準となる。

（注13）市川房枝（１８９３〜１９８１）：１８９３年愛知県生まれ。婦人運動家。愛知県女子師範学校を卒業後、教員、新聞記者を経て上京。１９１９年に平塚らいてうらと新婦人協会を結成。その後渡米し、帰国後の１９２４年に婦人参政権獲得期成同盟会を結成。参議院議員を通算５期25年務めた。

（注14）河合隼雄（１９２８〜２００７）：１９２８年兵庫県生まれ。日本の臨床心理学者、京都大学名誉教授。日本人で初めてユング研究所でユング派分析家の資格を取得。１９８８年に日本臨床心理士資格認定協会を設立。２００２年から約５年間、文化庁長官を務めた。

大学入試(共通試験)の変化

1947-1954年	進学適性検査

■GHQ の一部局CIE(民間情報教育局)からの要請で、米国で使われていたSAT(Scholastic Aptitude Test)と同じような入試制度が求められた。

■文部省が問題を作成し、全国一斉に試験が行われた。公立大と私立大は大学独自の入試を課すことも進学適性検査を使用することも可能であった。

※1955年に国立大学協会、全国高等学校長協会から要望があり、「練習効果が顕著に出る」「受検準備が激化」などの理由から廃止。

1967-1968年	能力開発研究所テスト(能研テスト)

■大学、高等学校、文部省の関係者が発起人となって、財団法人能力開発研究所が設立され、1963年度から1968年度までの6年間、大学入学者の選抜と高等学校の進路指導に役立つ共通テストの開発が行なわれた。

■しかし大学側が使用に消極的であったため、実際に使われたのは、1967年度と1968年度の2年間だけだった。

1979年1月	共通第一次学力試験(共通一次)

■大学入試の「難問奇問」をなくすのが目的→高校教育に悪影響をもたらすとされていた。

■1期校、2期校の枠組みをなくすことが目的→2期校はすべり止めとする「2期校コンプレックス」をなくす。

※「大学の序列化」や「輪切りの進路指導」が問題に

1990年1月	大学入試センター試験

■臨時教育審議会(内閣総理大臣の諮問機関)が提言した「多様化・個性化路線」を踏まえて、受験教科・科目を国公立大も含めて各大学(学部)の自由に任せる「アラカルト方式」になる。

■私立大学も参加。

2021年1月(予定)	大学入学共通テスト

■国語と数学に記述式テストを導入→高大接続改革で、学力の3要素を入れるため。特に「思考力・判断力・表現力」を見る。

■英語は民間試験を活用(話す力を含めた4技能[読む・書く・聞く・話す]を見る)

4.

どうやって教えるのか、学ぶのか（How）

■勉強嫌いの大学教員

竹内　大学教員の問題について考えたいのですが、佐藤さんは実際に大学の中に入ってみて、どう感じましたか。

佐藤　まず、意外と勉強嫌いの大学教員が多いのに驚きました。おそらく学生の時に、「世の中で一番偉いのは大学教授」だと勘違いしちゃった人がいるんですね。それで人生の目標が大学教授になってしまった。で、実際に大学教員になると、身分が安定されたことに安心してしまうのか、博士論文を書く気すら起きないという人がいます。つまり、研究する内発的な動機がないから新しいことを勉強しない。勉強が嫌いな人が今の大学にいることが最大の問題のような感じがする。任期制を導入していないと、特にそういう感じになる。

大学の予算とポストが減り、講座制が崩れたこともあると思うんです。もう少しゼミなどを通じた直接の師弟関係の感化があるとか、主任教授がいて、そこでがちっと締めている感じがないと、今後、勉強嫌いが大学教員になるという傾向が、もっとひどくなるのではないかと心配しています。

竹内　仮に学位論文が書けたとしても、そこでだいたい燃え尽きちゃう。もともと学問が嫌いだったらこの道に進まないとは思うんだけれど、就職できた時に燃え尽きちゃって、研究をどんどんしていこうとか、その先に気持ちが進まないのかな。一時的に研究活動を停止している「休火山」型というより「死火山」型ね。

佐藤　今は、コースドクター（課程博士）が主流になったでしょう。ドイツが導入しているハビリタツィオン・シュリフト（Habilitationsschrift;教授資格論文）の制度を入れないといけないと思いますね。40代くらいでもう1回しっかりとした論文を書かせる。もし、博士論文を書いて、それで燃え尽きちゃうんだったら、それをもう少し先に延ばすための関門を、もう1回作らないと駄目ですね。30歳ぐらいで燃え尽きちゃうと、その後、インプットとアウトプットがない人は准教授以上に昇任させず、教授になるためには論文を書いてくださいという形にしないと。

竹内　アメリカは、任期付き若手教員（アシスタント・プロフェッサー）がフル・プロフェッサー（正教授）になるのに関門が2回あります。まず、テニュアトラック[注15]があるアシスタント・プロフェッサーになることが必要。3年から5年後に審査があり、テニュア

（終身在職権）を獲得してアソシエート・プロフェッサー（准教授）にならなければならない。これでテニュア付きとなる。ここで身分は保証されますが、フル・プロフェッサーになるためには、さらに審査がある。だから、テニュアが付いたからこれでいいや、という人は万年アソシエート・プロフェッサーとなり、この類いの人々はもう終わった人という意味で「枯れ木教授」と陰で言われているようです。こういう昇格システムのせいでしょう。有名な学術誌への掲載論文数を見ると、フル・プロフェッサーが最も多く、次に多いのがアソシエート・プロフェッサーではなく、アシスタント・プロフェッサー。アシスタントの方がアソシエートより掲載論文が多いのは、アシスタントはテニュア獲得を目指しているけれども、アソシエートの方には「枯れ木教授」が交じっていて、それが平均を下げていることによります。

佐藤　しかも専任教授になっても終身ではない人がいるので、大学の直接雇用、永久雇用というと、さらに狭くなりますよね。

■大学教授は「届出制」

竹内　日本の大手私立大学で、教授は何％くらいいると佐藤さんは思いますか。

佐藤　7割くらいですか。

竹内　そうです。その数字は大手私立大学のもので、国公立大学を入れて全体やったら4割程度で、4割でもグローバル・スタンダードではかなり高率です。大手私大に教授の割合が高いのは、戦後の大学教員組合の力かもしれないし、戦後、私大が優秀な教員を集める時に、教授ポストで招聘したということもあったのかもしれません。教授になったからといって、それほど給与が上がるわけではないので、安上がりのインセンティブとして使われ続けたのかもしれません。

佐藤　考えてみると、大学教授は行政法でいうと「届出制」ですね。すなわち、原則、誰にでも認められているものだから、届けだけは出してくださいと。保健所への届けと一緒で、もし何かあった場合、例えば、あまりにもこの弁当屋、不潔な環境で食中毒が出たからこの届けを認めないというような、そういう感じです。よっぽどの不祥事がないと問題は表に出てこない。
それに対して、小・中・高校と特別支援学校（かつての盲・ろう・養護学校等）の教員は免許制度で「許可制」です。教員免許を持たない人が学校で教えることを原則として禁止している。その点で、大学よりもハードルが高い。私が埼玉県立浦和高校で授業ができるのは、たまたま今の校長が浦高の時の私の同学年、また、浦高1年生の時の同級生が国語教師をしているので、彼の授業の枠で入れてもらっているからなんです。だから、正規の教員が授業をしているところに私が補助員として来ているという形にして年間11回教えているんですけれど、授業中は常に教室に国語教師がぴたっと張りついていて、しかも後ろで座っているわけではなくて、ちゃんと参加している。免許制というのはこういうことなのかと思いました。

竹内　大学教員の場合は、教授会で認められればよいのですが、例外もあって、新設の学部や大学院では大学から出された予定者の研究・教育業績が文部科学省の大学設置・学校法人審議会の大学設置分科会で審査され、適格とされる必要があります。
私はこの分科会の委員になってびっくりしたのですが、候補者の履歴書と業績書だけによる審査。著書はもちろん、論文の抜刷もない。そこまで見ていると時間がかかって仕方がないからかもしれませんが、結局、審査は論文の中身ではなく、学術誌に書いているか、教える科目と論文の題目とに整合性があるかの形式的判定になるのです。

こんな外部審査でも問題含みなのですが、それも新設の時だけです。学部だったら新設後、4年間たってしまえば、それ以後は教授会での専決事項になる。教授会自治の形骸化の一つでしょう。

ただ、論文数のことでいうと、昔の自分が習った時の先生でも、論文を書かない人はいっぱいいいたな。

佐藤 そもそも文系に顕著ですが、博士号を持っていない人が多かったですね。

竹内 その通りです。

佐藤 それ故に、若い人は博士号を取れなかったわけですよね。「指導教授の私が博士号を持っていないのに、弟子のお前が博士号を取るというのは生意気じゃないか」というような感じで。だから、博士号を取るためには外国に出ないといけなかったんですよね。

竹内 もしくは、指導教授が定年間際に大盤振る舞いで弟子に博士号を出す「ふるまい」博士（笑）もありました。博士の位置付けはそんな程度やった。ただ、昔の先生で良かったこともあって、さすがに勉強嫌いは少なかったな。

佐藤　その通りです。

竹内　だから、話をすると教養豊かで、本は読んでいるから、いわば旧制高校の先生のような感じなんですよ。何でも知っているし、知的なことについての興味・関心がある。

佐藤　それは日本の官僚も同じでした。外務官僚だと大学3年生で外交官試験に受かって外務省に入ってくる人もいたから、そうなった場合は、学歴では高卒です。しかし、大学を中退して入ってきた人は形の上では高卒だけれども、知識もあるし、勉強をずっと継続していたので、例えば外務省では高卒、あるいは学士しか持っていなくても、外に出る時には国際機関で博士号を持っている扱いを受けていた。

ところが、今は「持っている学歴通り」という感じで、学部卒の学歴しか持っていないと、国際基準で見れば、国連、WHO、ユニセフなどに行ったって、テクニカルスタッフでコピー取りといった仕事しかないような感じです。だから、国際基準で見ると日本のエリートは極端に低学歴なのです。

それは何かといったら、先に触れた「入学歴社会の終わり」だと思うんです。18歳、19歳時点において東大や京大という高偏差値大学に入ったという事実があれば、それが就職でも有利であって、その後の社会的評価にもつながった。それが終わりつつある。

■ビジネスエリートと政治家の出身大学

竹内　ビジネスエリートの出身大学は今ではかなり分散しています。1978年の上場会社社長で見ると、東大20％、京大8％、その他の旧帝大7・9％、一橋大5・5％。実に42％がこれらの大学で占められていました。役員についても、38％がこれらの特定大学出身者だった。しかし、2007年の上場企業調査では、社長で多いのが慶大を筆頭に、以下、早大、東大、中大、京大と続く。日大、明大、同志社大、関西学院大が10位以内に入っている。役員についても、慶大を筆頭に、以下、東大、早大、日大、京大と続き、多くの私立大学が10位以内に入っている。私立大学といっても有名私大だけれど、かつてのように東大を中心とした覇権構造ではない。

それで、衆議院議員を学歴で見ると、1969年においては、東大卒は121人。出身大学で断トツ1位です。全体の25％を占めていた。しかし、それ以後、人数を減らし2016年には90人ほど。これに対して、日大・中大・明大・慶大は1960年代には70人だったのですが、70年代から増え、近年は100人を超えています。

首相や大臣では明らかに東大卒は減っています。岸信介が60年安保闘争の後に退陣し、池田勇人が総理大臣になった時は、「京大（法学部）卒で総理大臣になった」と言われたほどでした。戦前は東条英機がそうだったように、軍学校卒業生の総理大臣は多かったですが、戦後は東大卒、それも、東大の中の東大である法学部卒がなるものと思われていたほどです。

1972年には大卒ではない田中角栄総理の誕生をみる。それでもその後、間隔をしばらく開けての飛び石ではありますが、福田赳夫や中曽根康弘、宮沢喜一の東大法学部卒の総理大臣が続きました。宮沢喜一の後には、これまただいぶん間をおいて、東大卒の鳩山由紀夫が総理大臣になりましたが、彼は法学部ではなく、工学部です。

佐藤　国家公務員試験（総合職）の合格者もそうですね。「旧帝大」でいえば、特に九大あたりが著しく減っています（2018年度で14位：他の旧帝大は東大1位、京大2位、東北大4位、北大6位）。それから、2018年の外務省の専門職員試験では、東大が3人合格しています。私の頃はノンキャリア試験で東大は、2、3年に1人くらいでした。

確かに、先生のおっしゃる通り分散していて、全国区としてかつては知名度と実力を持っていた「旧帝大」という概念が今は成立しにくくなってきた。特に北大と九大が落後しかかっています。だから、北大、九大に入学した場合は、北海道、九州に就職する学生が増える傾向があるように感じます。

竹内 東北大学も、私が教えに行った時の感じだと、もう地方大学並みになってきていますね。

佐藤 そう思います。関西の場合、京大は唯一の全国区の大学なんですよ。それ以外は、基本、関西に基盤を置いている大学ですから。

関西では大阪大学の台頭が著しいと思うんです。特に外国語を使う仕事ということになった場合に、大阪外大と統合された効果は大きいですね。大阪外大と東京外大だったら、頭二つぐらい東京外大の方が出ていたはずなんだけれども、今は並んでいます。

他の地域は、首都圏だと早慶にしても1都6県の地方大学になりつつあります。名古屋では名古屋大学と名古屋工業大学が中京圏を中心にして独特のネットワークがあります。広島では、広島大学が特殊な位置を持っている。

そういう意味においては、われわれが学生の頃と比べても、学生の地元志向が強まっている感じがします。これはおそらく、経済力と関係していると思うんです。先に国立大学の授業料について話した通りです。国立大学の授業料が高くなり過ぎた。

■私学任せの大衆高等教育

竹内　大学進学人口増大の受け皿は、日本では主として私学が担った。これは欧米には見られない日本的特徴です。受け皿の増加や拡大を国公立大学でやれば、財政支出が膨大になる。そこで、受け皿の大半を私学に託したわけです。それができたのは、戦前の高等教育の初期的大衆化の受け皿になった私立大学や私立専門学校という「遺産」があったからです。

戦後の本格的な大衆化の波に対応するために、当時の文部省は私学の学部増設や定員増加、敷地面積などの縛りを大幅に緩和した。その代わり、私学への財政的支援を極小にする。「リトル・コントロール、リトル・サポート」の私学政策だった。確かにこれで、財政支出を少なくして進学需要の拡大に対応することに成功しました。しかし、その結果は、私学の水増し入学は当たり前になり、教育の質が劣化し、「私大株式会社」とまで言われるようになった。

こうした放漫な私学政策も、少子化によって見直さざるを得なくなったのですが、文部科学省は、当時の新自由化路線に押されてか、大学も市場競争で淘汰されることが良いことだとばかりに、学部増設や大学増設を認めてきました。定員を満たさない私大は36・1％、私立短大は70・4％にもなっている。（日本私立学校振興・共済事業団「平成30（2018）年度私立大学・短期大学等入学志願動向」）

18歳人口はさらなる減少傾向の時代になります。大衆化への受け皿づくりのツケである大学倒産があちこちで起こることが必至になった。文科省は、そのために大学の合併や連携を提案していますが、大学の合併は在校生の混乱を招くだけではなく、卒業生には母校の消失という喪失感を伴うものです。

このような事態が分かっていたにもかかわらず、大学や学部の新設を認可し続けてきたかつての文部省、今の文部科学省の大学政策は理解に苦しみますね。

日本はやはり大衆高等教育を私学に任せ過ぎだったと思います。もっと国立と公立が大衆高等教育をやらないと。

佐藤　同じ意見です。例えば埼玉大学や群馬大学といった国立大学は、コミュニティ・カレッジをベースにするべきだった。入学の難易度も現在のような難しさはいらない。その代わりに幅を広げて、短大相当にする。そして、2年を終えた時点で一度、卒業証書を出し、絞り込んだ学生を4年制大学に入れるぐらいにしておいて、私立が参入できる余地を少なくしておけばよかったのかもしれません。

それが子どもたちの数が増えた時に、中堅エリートまでを全部国公立で作って、残りは私立で勝手にやりなさいという感じにしたので、私立がそこから水膨れになった。しかし、出来たものについては、民主主義社会においては、数が多い方が強くなっていきますからね。

竹内 オーナー系の規模の小さい私立大学は、家族経営のようで、若い研究者も搾取されているでしょう。週に10コマ近くの講義を持たされて、「校務」という名の雑用も多い。給与も賞与も少ない。昔の日本は大学にも余裕があったから、小さい私学に就職しても国立大学などと研究条件はあまり変わらなかった。最近は、初職がそういう大学だと全然勉強できないから、最初に行ったところから抜け出せない。

佐藤 要するに、「ブラック・アカデミズム」、ブラック大学ですね。

竹内 そう。ブラック大学。アメリカではアシスタント・プロフェッサーであっても最初に教育（中心）系大学に職を得ると、それがマイナスのレッテルになって、以後、研究系大学に就職しにくくなるといわれます。日本ではこれまでそのようなレッテル貼りによるマイナス効果はなかったですね。短期大学教員が有名大学の教員に転出したということはよくありました。しかし、日本にはそういうレッテル効果はなくとも、実質的に条件の悪い大学に行くと研究業績を上げられなくて抜け出せないことが起こり始めています。

佐藤　オーバードクターで、ドイツ語とかフランス語の第二外国語の講師をかけ持ちして、専任教員になれない人とかがいますね。非常勤講師だから、週に20コマとか持たないと生活できない。

竹内　逆境のスパイラルでリターン・マッチができにくくなっています。

■「裏口入学」の大学教員

佐藤　もう一つ先生と話をしたいテーマは、大学教員の「裏口入学」です。一昔前まで、学生側の「裏口入学」はものすごく社会的に断罪される事柄だった。しかし、今やAO入試、自己推薦、学校推薦、あるいは付属校から上がってくるという形で、相当程度の大学でそれが可能になった。推薦やAOが「裏口」とは言い切れませんが、一般入試で公正に勉強して入る人が割を食っているし、一般入試の価値と意味が大学側の都合で相対的に下がっている。

それから、私もそうですけれども、「客員教授」や「特任教授」などといった、得体の知れない教授職を大学は出し過ぎていますよね。例えば、学部卒後、メディアに就職して、ジャーナリストという肩書で、ちょいちょいとテレビに出て、どこまでが事実かうそかも分からないようなことを言っているうちに、会社の出世コースからも外れて早期退職。いつの間にかどこかの私立大学の特任教授になっている。あるいは60歳前に会社を辞めて、専任で4、5年いることもあるなんてことが増えてきた。そういう人たちは、まともな研究もしていないし、そもそも業績もない。しかも特任教授などで来ると、教授会に入らなくていいから、雑用からは免れてラクなんです。コスパがいい。

例えば、学長のお友達で、すっと横からそういったのが入ってくると、大学院博士課程からこつこつと論文を書いて、下から積み上げて研究して上がってきた人は、やってられないという気持ちになってきますよね。学術振興会の特別研究員になって、35歳くらいまで職がなくて、必死になって非常勤で食いつないで42歳くらいでようやくギリギリで助教になる。そして、40代の後半くらいで准教授をしているところに、大学の学部時代の同級生なんかがジャーナリストの経験を持って横から特任教授ですっと入ってくる。仕事もラクで、扱いもずっといいということが起きる。これだとやっちゃいられない、という感じになります。

竹内　それはその通りで、若手の就職をかなり圧迫していることは確かです。もちろん、社会人教員でいい人もいるんですけどもね。私が現場にいて分かるのは、例えばテレビ会社から来る人がいる。だけど、その人の着任時の知識やスキルは、5年もたてば現場の技術環境が一変しているから陳腐化するわけでしょ。それから、テレビコメンテーターだった人ですが、有名人だから最初は教室が満員になったけど、たちまち閑古鳥が鳴くようになった。10分くらいの話は聞けるけど、1時間半の講義にするには話がもたないのですね。講義内容がスカスカだと不満が多かったですよ。

ところが一方で、今は文部科学省が「実務家教員」(注16)を入れろとものすごく大学に言ってくる。教育関係にも、教職大学院は特に顕著ですが、校長を経験した人、教育委員会にいた人などの実務家教員を入れろという圧力がものすごい。だけど、例えば、再教育で来ている教職出身の大学院生に聞くと、彼らの体験談なんて聞きたくないと言うんですよ。そんなものは現場を経験することでいくらでも分かると。だから、大学院では直接的な学校の話ではなくて、教育の歴史や理論などを聞いて、そこから考えた方がよっぽど役に立っと言っていましたよ。私はその通りだと思った。ひょっとしたら文部科学省の役人を入れたいこともあるのではないかと疑うぐらいに実務家を後押ししている。政治家や官僚が実務家教員を入れろという背景には「くっちゃべってばかりの学者先生」という反知性主義の表れがあるかもしれない。

実務家教員には良い面もあるんだろうけれど、社会経験があるからというだけでは、全く意味を成さないと思いますよ。

佐藤　社会経験とアカデミックな業績は関係ないですからね。そこに抵抗できるのは東大と京大のはずなんです。ところが、東大と京大が文科省の「実学に近づける」という大学改革の旗振りもしている。なぜそうなっているのか全く理解できない。

竹内　新しく付いてくるポストとか研究所とか、いかにも実務家でないと務まらないようなところに予算を付けてくることがあるからですね。それに実務家をポストに付けていると、いかにも社会連携しているという印象がある。暗黙の予算の付け方など、文科省がプッシュしていますよ。

佐藤　特に大学無償化という文脈において、社会貢献度を国が計るということになると、どうしても、そういった政策誘導的な人事に影響が出てくる。やはり高等教育の無償化は怖いと思うんです（高等教育の無償化となる対象の大学には定めがあり、①実務経験のある教員による授業科目が標準単位数（4年制大学の場合、124単位）の1割以上、配置されていること、②法人の「理事」に産業界等の外部人材を複数任命していること、などが定められている）。

■コミュニティ・カレッジの可能性

佐藤　いわゆる「Fランク」（受験者と比べて不合格者が少ない大学）といわれる大学があります。予備校が判定する「大学の偏差値ランキング」のAランクからEランクに入らないBF（ボーダー・フリー：合格率50%を判定する基準が設定できない）ということで付いた名称ですが、私は、これはちょっと見方を変えて、コミュニティ・カレッジと考えればいいと思っているんです。

竹内　そうですよね。

佐藤　アメリカのコミュニティ・カレッジのように、地域の中にあって、入学を希望する者は、誰でも入れますという形にする。学費も安くして公費助成をする。ただし、きちんと学んで単位取得しないと卒業はできませんよと。

竹内　アメリカだと2年でしょ？

佐藤　2年ですね。

竹内　そこから4年制の大学に移るとか、そういう形が開かれている。日本も学生がもう少し柔軟に大学を移動できるようになったら、いろいろなことができるし、大学間の適切な競争も可能かもしれません。

佐藤　ドイツだと、日本の言い方で「ベルリン大学卒」とか、「チュービンゲン大学卒」とか言っている人がいたら、それはうそつきですからね。ドイツでは何々大学というのはない。セメスター（学期）ごとに移動するわけで。

でも、関西でも昔から関関同立（関西、関西学院、同志社、立命館の各大学）では、私が学生だった頃から単位交換プログラムがあって、一応、他大学の講義も取れることにはなっていた。しかし実際は取らないですね。

竹内　大阪と京都では移動にちょっと時間がかかるからでしょう。すべて京都の中にあるとか、そういう環境だったらいいんだろうけど。

大学は競争したらいいと言うけれど、今の状態だとそれこそ一生懸命やっている新興大学は努力してもなかなか報われない。結局は歴史の古い大学が生き残りやすい。

２０１８年に不祥事があった日大でも、あれだけのことがあって大々的に報道されて２０１９年度は受験者が減ったようですが、結局のところ、いずれ回復していくと思うんですよ。ユニークで実績を出している、小規模で歴史の浅い私学がもっと知られるようになってほしいと思いますね。

佐藤　日大はあれだけのことがあっても、仲間で守り合って、ちゃんと刑事事件化しないで生き残れるんだから大したものです。

竹内　あれはすごい。

佐藤　自己保存本能と危機管理能力が合わさっている。日大のこの強固なネットワークにむしろ入った方がいいという話ですよ（笑）。日大の危機管理学部は２０１９年度は受験者を減らしたみたいだけど、危機管理能力は抜群ですね。

竹内　笑えるけど、考え込まされますね。日大は私の実父（工学部）の母校なので、よい形で蘇ってほしいです。

■劣等感と向上心

佐藤　この前、日大の危機管理学部で教えている金恵京《キムヘギョン》（国際法学者）さんから聞いたのですが、彼女は明治大学の先生だったのを辞めて日本大学に移った。どうしてかといったら、彼女自身も明治大学法学部出身で明大に愛着があるんだけれども、不本意入学の学生がいて、学生たちが勉強をやるという感じにならないからだと言っていました。何かのんびりしていたり、行きたい大学に行けなかったという意識からなかなか抜け出せなかったりして。

それが日大の危機管理学部に移ったら、将来、海上保安官になりたい、立派な警察官になりたいというように希望がはっきりしている人が多くて士気が非常に高い。だから、教育していて打てば響くような感じになると。そこから考えると入学時点の学力とは関係なくて、大学で教えていれば、ゆくゆくは伸びていくことが分かった、教えていて手応えがあると言うんです。

竹内　私は同時にそれとは逆に、現状に安住するというか、上を見て自分たちが足りないと思うような「向上心」がない学生が増えたなと感じることもあるんです。「これでいいのだ」という自足文化にはプラス面とマイナス面があります。

佐藤　確かに関西ではそういう学生が多いような感じがします。関東の人にはなかなか分かりにくいと思うけれども、就職を含めて関西エリアで完結している。だから、関西から出ないということを決めておけば、極端に言えば、関西の中で全国区の大学は京大だけ。あとは全部、関西ローカル。神戸大にしても、阪大にしても、どちらかといえば、関西ローカルの大学ですよね。

■東大・京大と作家

竹内　でも、京大も戦前は完璧にローカルな大学だったと思いますよ。哲学者の和辻哲郎に京大赴任の話があった時に、宗教哲学者の波多野精一が、「京都のような田舎に来ない方がいいよ」と言った。東京にいた方がいいよと言っていたみたいやから。

私の感じでは、当時の東京帝大と京都帝大はとても大きな差があって、京都帝大なんて地方大学やった。多少、全国区になって、東大と京大が並び立つようになったのは、戦後ではないかと思うんだけど。

ただ、京大がいいのは、ルース・カップリング（ゆるい結合）というか、要するに勝手バラバラを許容するような雰囲気があることです。

だから、自由な学風とか、そういうポリシーがもともと明確にあったものとは、私は思っていない。むしろ放置するというか、干渉しない結果ではないかなと思う。京都帝国大学は第三高等学校の敷地に出来ましたが、第三高等学校の初代校長で、初代の京都帝大総長の候補ともなった折田彦市先生(注17)の教育理念は「無為ニシテ化ス」「為サザルコトニヨッテ成ス」です。教育とは意図的な働きだから、折田先生の言う教育理念とは非教育的教育で、西田哲学の絶対矛盾的自己同一みたいなものですね（笑）。

それと関係することで、面白い調査結果があるんですよ。

佐藤　どんな調査ですか。

竹内　昔の調査ですが、「将来、もしあなたの子どもがあなたの大学に入学したいと言った場合、入学を勧めますか」という１００大学の学生調査です。子どもをどんな大学に入れたいかという調査ではなく、今あなたが在学している大学にあなたの子どもが入学したいと言った時の賛否を問うているわけです。現在ではこんな調査はしにくいし、調査しても結果を大学別に発表しにくいでしょう。結果はこの通りです（表1）。

東大が11位、京大は3位。大学生活の満足度も京大は東大より高いです。おそらく、東大は最高学歴大学だけに、いろいろ風当たりが強いから、子どもにそれを経験させるのもどうか、もっと伸び伸びとやってもらいたいということもあるでしょう。

それに対して、京大は「次男次女的」で気安いところがあり、自由な学風とも相まって割合が高いのでしょう。関西大学も同志社大学もベストテンに入っています。四半世紀前の調査とはいえ、今でも似たような結果かもしれません。

表1　自分の子どもの入学に対する賛成度

順位	大学名	割合（%）
1	創価大学	74.2
2	慶應義塾大学	72.9
3	京都大学	72.0
4	関西学院大学	71.8
5	一橋大学	71.3
6	関西大学	69.6
7	北海道大学	68.9
8	上智大学	67.6
9	同志社大学	67.3
10	成蹊大学	67.0
11	東京大学	66.4
12	南山大学	65.3
13	武蔵大学	65.2
14	明治大学	65.0
14	早稲田大学	65.0
16	岡山大学	64.9
16	学習院大学	64.9
18	琉球大学	64.7
18	立教大学	64.7
20	大阪市立大学	64.5
20	京都産業大学	64.5

『カレッジマネジメント』
（No.77 1996年3・4月号）

佐藤　なるほど。そこで「自由な学風」ということで作家を見ると、旧帝国大学の教師で研究をしていて、小説を書いているということでは、京大の高橋和巳以降、日本の国立大学から出ていないと思うんです。東大の柴田翔氏もそこまでの影響力を持っていない。

竹内　柴田翔さんは、幾つか書いて終わっちゃったですね。

佐藤　高橋和巳は飲み過ぎて早く死んでしまったけれども、いまだにちゃんと残る作品を作りました。夫人の高橋たか子さんが夫の追悼文（『高橋和巳の思い出』）を書いているのですが、私の夫は「自閉症型の狂人」だったということがそこに書かれている。

竹内　そうでしたね。亡くなってから出された。

佐藤　その追悼文の中で、夫がついに冷たくなって、物質になって、うらやましいと思ったと書いてあるんです。

竹内　私が学生の時、確か大学院生だった頃、生協でご飯を食べていて、横に誰かいると思ってはっと見たら、高橋和巳さんやった。確か、その時も彼女がいたという評判でした。おでん屋のおかみで、別にはっと目を引くような人でも何でもないというわさでした。ごく普通のおかみさん。

佐藤　本でも、たか子さんは、常に夫の周りにいる女の人を「売春婦」とか「満たされない女」と厳しく書いていました。そういう人たちがいつもくっついていたと。

竹内　確かに、京大出身で歴史に名を成した作家って少ないですね。そう言えば、戦前の１９３９年に、国際文化振興会という団体が１９０２年から30年に発表された日本文学の作品の英文梗概集を作っています（*Introduction to Contemporary Japanese Literature*, Kokusai Bunka Shinkokai, 1939.）。このリストに挙がった小説家、劇作家、詩人68人の出身大学を見ると、東大は夏目漱石や谷崎潤一郎など21人（31％）、早稲田は正宗白鳥など11人（16％）、慶應は小島政二郎など６人（９％）、京大は菊池寛１人だけです。

京大の文学部はあまり作家を出してないですよ。野間宏など、多少はいるけれど、早稲田や東大に比べたら圧倒的に少ない。京大出身の若手作家は、今は法学部や農学部出身ですね。

佐藤　野間宏もやはり、われわれの世代で次の世代にうまくバトンをつないでおかないと、忘れ去られてしまう可能性がある作家ですね。被差別部落問題を扱った『青年の環』や、軍隊を扱った『真空地帯』は名作ですよ。特に『真空地帯』は組織論としていまだに残るものです。

竹内　そうですね、そういう意味では古典には読み方というものがある。日大のガバナンス問題と絡めて読めば、得るところがあるかもしれない。

佐藤　日本の組織、特に「戦ってない軍隊」の研究ですね。戦時下だけれども、戦ってない軍隊、戦場に行かない軍隊。

竹内　一見、強そうに見えるが、戦になるとと弱いんだな（笑）。

■複線制度で「社会的上昇」ができた

佐藤　そういえば、日大のキャンパスには学生が集まれる広い場所がないですよね。

竹内　あえて、そういうふうにしているのではないですか。

佐藤　なるほど。学生運動の結果ですか。物理的に集会できる場所がない。

竹内　日大全共闘議長の秋田明大が出たということで、トラウマになっているのかも。日大は、戦前から学校騒動でも大規模なのが起こっているし、何かしら問題が起きる大学だった。東京帝大経済学部助教授の大森義太郎(注18)が、日大で夜間の授業をしていたようですよ。何百人も教室に詰め込んで、ストーブが申し訳程度に教室の隅に置かれてあったらしいです。教室全体が暖まるわけではないから、置いている感を出すだけのものです。大森の受講生に、後に社会党委員長となった佐々木更三がいます。昼間、自転車会社の工員として働き、夜は、日本大学専門部政治科に通っていた。日大に講師として出講していた大森義太郎の経済原論の講義で、佐々木はマルクス経済学を学んだ。大森の経済原論の試験問題は「資本論について」で、佐々木は「優」をもらったようです。佐々木はこの時の勉強が貴重な財産になった、と後年述べていますが、確かに大森は労農派の論客。後年の佐々木の政治理論となっている。

佐藤　戦前においては、日大の法学部を出て弁護士になった人が多かったですね。弁護士試験は１９２３年から「高文試験（高等文官試験）」に入っています。それに合格しているのだから、優秀な人が多かったのでしょう。

竹内　確かに、私学で弁護士になった人が多いよね。うちの大学（関西大）出身者でも、もう亡くなったけれど、国土交通省の大臣もなさった公明党の冬柴鐵三さんは法学部の二部出身ですよ。二部に通って弁護士になった人は、多いのではないですか。昔の私学は二部に優秀な人が多かった。

そういうルートがあって、勉強はできるけれどお金がないから、とりあえず昼間に働いて勉強して、資格試験を通って社会的に上昇していく。だから、そこに希望があった。

試験でも、専検（専門学校入学者検定試験）という、今の大検のようなものもあったし、旧制中学校や高等女学校、さらには高等学校の先生も試験で資格が取れるものがありましたね。

実は私が高校の頃にも、独学で旧制中学校教諭の免状を取った先生がいました。家業の鍛冶屋を手伝いながら講義録、つまり通信教育で勉強し、中等教員資格の検定試験に合格したという経歴でした。英作文の先生でしたが、実によくできる先生でした。しかし、独学のせいでしょう。英語の発音は東北弁の混じったヘンテコなものでした。それだから、大量の英文を読む英文解釈ではなく、英作文担当にされたのかもしれません（笑）。

佐藤　教育制度が複線だったんですよね。

竹内　そうです。

佐藤　結局、戦前の日本においては、高等教育は後進国だから、とりあえず「促成栽培」だったんですね。どこからでもいいから、記憶力のいい子どもを集めて、あとは短期間で知識を詰め込んでＯＪＴ（On-the-Job Training）で働かせていく。それから、学術研究をする人間は国費でどんどん育てる形で増やす。それ以外のところは複線的に作って、私立は勝手にやれと。こういう感じだったと思うんです。戦前は、私学の地位が、戦後と比較にならないほど低かった。

竹内　それはそうですね。

佐藤　だから同志社や早慶も含めて、今の感じで言うと、大学より下で、ちょうど専門学校くらいの感覚だったと思うんです。

竹内　それは今では考えられないぐらいの格差ですよね。だいたい入学も、ほとんど中学校卒業していたら御の字で、早稲田も今よりは、はるかにラクに入れたと思います。官学・私学の断層はまさに大学と専門学校です。早慶も明治、法政、同志社、関大も早くから「大学」と名乗っていましたが、法令上は専門学校で、１９１８（大正７）年の大学令で、初めてこれらの私学が法令的にも大学になったわけですから。

佐藤　ただし、私立の場合は、戦前においては富裕層家庭の子どもしか入れないということに必然的になってくる。いくら「早稲田で苦学している」といっても、限度があるわけで、本当に経済的に苦しい家庭の子は軍の学校に行くか、師範学校に行った。そこでやはりすくい上げる仕組みがあった。それが戦後、単線化されたのが、非常に生き方が狭小になっている一つの理由だと思います。

■日本は中間層の厚みが強みだった

竹内　日本はごく普通の人でも基礎学力が高くて、これが明治以来の取りえだった。そんなにエリートが素晴らしかったわけではない。普通の人のレベルが良かった。「ジェントルマン」資本主義（かつてのイギリスにおいて上流階級が担っていた経済）ではなくて、「ヒラ」の資本主義。

佐藤　そこのところ、今かなり崩れてきていると思います。国立情報学研究所教授の新井紀子さんの研究によると、中学校の教科書を読めている中学生は、3割強程度ということですから。

竹内　教科書の文章を理解できる子が、ですか。

佐藤　ええ。教科書の内容を理解できていないわけですから。それ以上については、もう何をか言わんやです。

20年くらい前のデータですけれど、分数の計算で2分の1足す3分の1を5分の2とする大学生が17%。それから、新井さんによると、偶数と奇数を足して必ず奇数になるという証明ができるのが、東大、京大、東工大、一橋大は8割ほどだけれども、難関私大は3割弱になっているということです。

竹内　それはもう「アメリカ化」していますね。アメリカ人の数学ができないというのは、まさにそれですよ。おつりの計算でもお店は大変なわけでしょ。だから大学でも、統計学の授業は大変なようです。

佐藤　アメリカのSAT（大学入試資格）のレベルは、日本の数学と比べると大学ではなく、高校入試レベルです。ただし、そのレベルがクリアできていない日本の大学生が今増えている。

竹内　英語はできない、数学はできないだったら、1個も取りえがないじゃないですか。

佐藤　国語もできないんですよ。かなりまずい状態になっているのは間違いない。

竹内　そうかと言って、特別エリートが素晴らしいというのでもないでしょ？　そうしたら、両方とも駄目じゃない。

佐藤　だから終わりつつあるわけです。

（注15）大学や研究機関での終身在職権を得ることができるコースとして、若手研究者が自立的に研究できる環境で

5年程度の任期付の雇用形態で経験を積む人事制度。

（注16）専門職大学院設置基準によれば、実務家教員とは、担当する専攻分野に関する、⑴高度の実務能力、⑵高度の教育上の指導能力、⑶実務の経験、の三つの領域での専門性を持つ教員とされる。法科大学院や教職大学院等では、専任教員の3割から4割を実務家教員とすることを設置の要件としている。

（注17）折田彦市（1850～1920）：1850年薩摩（鹿児島）生まれ。1894年に第三高等学校（旧制）の初代校長となる。その前身となる大阪専門学校、第三高等中学時代も合わせると30年間校長を務めた。

（注18）大森義太郎（1898～1940）：1898年神奈川県生まれ。東京帝国大学経済学部卒。同学部助手を経て助教授。雑誌『大衆』や『労農』に参加。左翼的言動のため、1928年の三・一五事件の直後に東大を辞職させられた。その後も労農派の論客として活躍したが、1937年に人民戦線事件で検挙。

5.

どこでいつ教えるのか、学ぶのか

（Where、When）

■受験刑務所としての中高一貫校

佐藤　本章では、大学のことを考えるために、その前の中学や高校について見ていきたいと思います。

私から見ると、私立の中高一貫制の進学校は2通りに分かれています。

まず、灘や武蔵などの伝統的な私立中高一貫校。武蔵は5年間、受験勉強をあえてさせません。最後の1年だけで勝負する。灘も基本、受験でカリカリしていなくて、しかも全科目勉強しています。

それに対して、比較的、新興の私立中高一貫校は高校1・2年生で数学の適性を見る。数学の適性がないと、最初から早慶といった私立文系狙いで国語・英語・社会などの3科目に生徒を特化させる。あるいは医学部を受ける生徒には、社会、国語を捨てさせる。教育内容がひどいですね。あれでは大学に入ってから伸びない。

竹内　「なんで、私が東大に」という予備校のコピーがありましたが、それを地で行くような受験勉強だけ詰め込む高校、確かにありますね。

佐藤　その結果として、勉強が大嫌いな高校生、大学生が出てくるんですよ。

竹内　そういうやり方で難関大学の進学率を上げてきた新興の私立進学校でこんなことがあったそうです。ある時、詰め込み体制でついに壊れて生徒が自殺したのです。葬儀の際、この学校の先生がお悔やみに行ったら、「あんたたちが息子を殺した」と親御さんが泣きじゃくっていたそうです。

佐藤　私は、そういう学校を「受験刑務所」と呼んでいます。中学校や高校時代の経験が「3年服役してきました」「中高で服役6年です」、そういう感じだから、もう娑婆（大学）に出たらほっとしたという感じでね。勉強が徹底的に嫌いになって大学に入るから、学ぼうという意識に欠けるんです。本当に良くないですよ。

■伸び代のある教育

佐藤　それで私が興味を持っているのは武蔵高等学校中学校なんです。そこで教えたことを本にもまとめました（『国語ゼミ　AI時代を生き抜く集中講義』ＮＨＫ出版新書、２０１８年）。最初、武蔵の教育の様子を見て驚きました。中学2年生が書いた文章が、大学生の成績の良い学生、例えば、東大生の成績の良い学生のレポートと比較しても遜色ないレベルです。それから、中学3年から第二外国語を学んでいます。試しに「二外」を取っている生徒にドイツ語で歴史を表す二つの言葉「ヒストリエ（Historie）とゲシヒテ（Geschichte）と書いて」と言ったら、ちゃんとスペルを綴れるんです。今、大学で、すかすかな形で「二外」を受講している学生は、基本的な単語でもスペルを綴れません。

武蔵ではどういう勉強法をさせているかというと、例えば入学したら、地図だけを持たせて山に登る。先生は危険なところだけ注意する。地図を読めないから大回りすることもあるけれど、それについては、後から「お前たちのせいで3倍歩かされたぞ」と言っておしまい。過剰に叱ることもしない。あるいは理科では生徒たちで岩石を切って、半年ぐらいかけて標本を作らせ、顕微鏡で見るといった授業です。

5年間、受験勉強をさせませんが、どの大学に行く適性があるかどうかを重視して進路選択をしていって、系列には武蔵大学もありますから、そちらに進学することもできる。だから、中高では超進学校なのに、進学先の大学には多様性があって、東大、京大、早慶だけではなくて、GMARCH（学習院、明治、青山学院、立教、中央、法政の各大学）に進学する生徒もいるんです。

武蔵の教育は、必ずしも高偏差値大学には行かなくても、武蔵で5年間勉強していた内容でおおよその基盤はできているから、どの大学に行っても活躍する場はあって、社会に出てからもさらに活躍することができる。伸び代があるから、逆に言えば、大学はどこでも大丈夫だということなんです。

それから、武蔵では東大合格者数が大学入試センター試験導入の年（1990年）から、がたっと減っている。武蔵の生徒は2次試験では点数が取れる。でも、センター試験の点数が取れない。それで、東大合格者が減ったのだと思います。ただし、生徒たちの持っている底力は相当ある。

でも、あの教育はなかなかまねできない。どうしてかというと、中高一貫校ですから、中学入試の段階で、相当に読解力、国語力のある生徒を最初からとっているから、そもそも読めば分かるという生徒たちなんです。ただし、そういう生徒に長い人生を考えて、どういう教育を施すかという問題は重要です。大学に入って終わりというわけにはいきませんから。

竹内　確かに、このところ、企業も大学名よりも高校名を聞くことがあると言いますね。ある意味、地頭の良さはそちらの方が分かるから。大学だったら、頑張って勉強して、浪人もできるわけだけど、高校入学は、ほぼ現役だから。それに近頃は、推薦やＡＯ入試で入学する人が多くなったから、基礎学力の程度が分からないこともある。

■テキストを精読し、興味を引き出す

佐藤　それで武蔵の影響を受けて、その後、関わるようになった埼玉県立浦和高校の授業でこんなことをしています。

マンガ版がベストセラーになった吉野源三郎の『君たちはどう生きるか』（マガジンハウス、２０１７年）について、授業初回で「みんな読んできた？」と聞いて、理解していることに関して聞いていった。例えば、「主人公がいるのは『東京市』となっているけれど、なぜ『東京都』じゃないと思う？」と質問するんです。これが答えられなくてはいけない。また「『省線』と出ているけれど、『省線』とは何か、分かっている？」と。

竹内　今の時代やったら、生徒は「省線」知らないですね。逆に、若い時に東京にいて、戦後に地方に戻った私の伯父は「国電」時代になっても「省線」と言っていました。

佐藤　そこで「分からない」という生徒がいると注意するんです。「読み飛ばしている

だろう」と。また、「省線は、今でいうＪＲか私鉄か」と聞くと、生徒たちは適当に「私鉄です」とか答える。面白いんです。それで、比率50％でどちらか言っておけば、どちらかが当たるようないいかげんなこと言うな、根拠を調べろと教えます。

省線の「省」というのは鉄道省。そこでついでに話すんです。「鉄道の歴史は2種類ある。旧国鉄というのは真っすぐな線路が比較的多いけど、どうしてだと思う？」と。それは軍用鉄道だから。それに対して私鉄はくねくねしていることが多い。例えば埼玉で言えば西武鉄道、秩父に行く路線。あるいは奈良に行ったことがあれば、近鉄がある。「なぜくねくねしているの？」と。これは巡礼鉄道だからなんだと。それからエルサレムの巡礼鉄道の話をして、その後、アフガニスタンにはなぜ鉄道がないかを話す。

竹内　それは佐藤さんが上手なんだよ。教える技術があって、ものすごくいろいろなことを知っていて、引き出しが多い。それをどうやって出すかという演出が効いている。

佐藤　さらに、東京市のことで広げていくんだったら、「1942年は何があった年か」と聞きます。戦争が激化する中において、空襲だって想定される。首都の防災機能の強化、国防機能の強化が課題だった時代。だから、それまで東京市、東京府の二本立てだった。だから、この本が書かれた時点では東京市だった。こういうような形で一つひとつ、さらっと読み飛ばしそうなところに重要性があって、きちんと読めばそれが見えてくることを教えます。そこから丁寧に広げていくと、面白いと言って生徒が結構勉強してくるようになるんですよ。

竹内　そうだろうね。私でも佐藤さんの話を聞いていて、面白いと思うわ。

■周りの人たちへ思いをはせる

佐藤　授業の2回目は格差の問題に焦点を当てて、労働力商品化の問題と、主流派経済学とマルクス経済学の違いの話をしようということで、登場人物の1人、浦川君はなぜ「油揚げ」のことで同級生に揶揄されているのかと。それは、貧困の問題、格差の問題だと。では、なぜこれが出てくるのかという話になっていくんです。

それから、君たちの場合でもこれは人ごとではない。なぜなら、君たちの周りにも住民税免除家庭、すなわち、生活保護を受けている、もしくは低所得の家庭の生徒がいるかもしれないんだと。そうすると、君たちの近くにも、この浦川君がいるかもしれない。そこに思いをはせろと。

小説の中では、浦川君の代わりに同級生と戦う登場人物がいるんだけど、浦川君はその友人に対して「やめてくれ」と言う。みんなから見るとこれは卑屈に思えないかと。それは経済的に苦しい人間の内面の心理をよく描けているんだとか、こういう話をする。

私立中高一貫校の生徒と比べて君たちの優位は何かということも話します。社会にはいろいろな人がいる。この公立高にはその縮図がある。高偏差値校の私立中高一貫校や私立校の1年間の授業料が60万～80万円で、学校行事を合わせると年間150万～200万円ほどかかる。それを6年間通学すると1200万円。トータルで1200万円かかる学校と年間12万円の学校の違いはどこにあると思うか。社会にはいろいろな人がいるということを君らは皮膚感覚で分からないといけないという話をします。

■大学内での見えざるネットワーク

佐藤　それで、浦高から東大に入った学生の話を聞くと、やはり麻布、灘といった高校の出身者は「学内でも固まる」というんです。固まって何をしているかというと、進学を振り分けるような内部試験の点数を上げるための横のネットワークをつくって、ノートの交換をしていて、先輩からもノートが降りてくる。そこには浦高あたりだと参入できない。そうすると、地方の高校から10年に1回ぐらい、1人だけ進学してきた学生などと友達になるんだそうです。東大内には、そういう「見えざるネットワーク」がすでに出来ていて、私学中高一貫校出身者は周りを参入させないと。

竹内　京大医学部なども、ほとんど特定の私学中高一貫校から来ていて、公立高からの学生が非常に少ない。同級生集団がそのまま移ってきて「固まる」ので、一時期、医学部長がこれは困る、何とかしたいと言っていたね。

佐藤　そうなると、極端な同質化現象が起きてしまうんです。特に医者の場合は社会の実態について、いろいろなことを知らないといけないのに。

浦高の卒業生は、医者になる人が多いんだけども、その中で一番有名なのは天野篤さん（元順天堂大学医学部附属順天堂医院院長）です。この人は3浪して日大医学部に入学しました。浦高時代は落ちこぼれちゃっている人なんです。でも、だからこそ実力が付いて伸びていった。何よりも、人の痛みが分かる。

それで、浦高に天野さんが来た時の授業の話を生徒たちに聞いたら、「度肝を抜かれた」と言っていました。天野さんは高校生たちに競馬の話をしたそうです。そこで聞いている生徒たちはきょとんとした。そうしたら、天野さんは「俺がわざとこの話をしているのが分からないか」と。「患者にはいろいろな人がいる。競馬の話を患者がしているとするだろ、そこでしかコミュニケーションが取れない患者もいるんだ。そこからやらないといけないんだ」と。「君たちは誰一人競馬のことは分かっていないようだが、それでは良い臨床医にはなれないよ」と言ったそうです。

こうやって、ちょっとしたショック療法で社会に目を開かせるよう、高校生に刺激を与えるわけですね。

■教育とは異なる「受験教育産業」

佐藤　先生とは教育産業のことも考えたいんです。教育の場所は、例えば大学や学校などの公教育の場がありますが、それは中世であれば修道院であったり、近世以降は大学に知の拠点があったりというように、変遷してきたと思います。

共通一次試験の導入で始まった１９７９年型の教育、いわゆる「偏差値教育」が入ってきて、一つのスタンダード化が起きたことによって、受験教育産業のビッグバンが起きました。

私はここ数年、身近にいる大学生を通じて高校と大学の接続や、大学入試の仕組みや現状について観察しているんですが、いわゆる難関大向けの予備校で浪人していた経験がある学生に話を聞いてみると、きめ細かい予備校の指導において鍵を握るのは担任らしいんです。

竹内　予備校に担任がいるのですか。

佐藤　そうです。それで例えば東大受験のAクラスは、試験で選抜された上位の生徒がだいたい70人くらいいる、そこから実際に東大には30人ぐらい入って、別のBクラスは150人在籍していて、東大には2年に1人か2人しか入らない。Bクラスは東大に入るという夢を追い掛ける生徒たちを集めているだけです。

このAクラスの担任は、鬼のような人で、生徒が授業を休むと家に電話がかかってくる。メンタルでちょっとでも疲れた傾向が見えると、すぐにクリニックを紹介する。同時に、志望校を変えたいとか受験生が言っても、それは聞いてくれなくて、「死ぬ気になってやれば、あなたはぎりぎりで志望大学に入れるから頑張れ」と言う。

なぜこんな担任がいて、熱心にやっているのかと調べてみたら、担任をしているのは、早慶とか旧帝大、例えば東北大とかを出ている女性などです。かつて総合職として大企業に勤めていたんだけれど、結婚して子どもが生まれて、産休・育休を取って、その期間だけでは子育てが十分にできないという認識を持って退社する。その後、希望としては、9時から5時の勤務時間で定時帰宅したくて、しかし同時に知的な仕事をしたいという、そういうマインドを持った人がやっています。予備校とは、業務委託のような形で単年度契約をして、おそらく業績評価として、担任をしている生徒がどこに合格したかで点数がついて給与が決まっていると思うんです。一定の点数以上を稼がないと、再雇用されない。こういうシステムを作り上げている。これによって担任は生徒を徹底的に絞り上げる。こういうものがいつの間に「教育」になってしまっている。

■「お前たちは商品だ」

佐藤　浦高で教えている時に、生徒たちにはこう言っています。「教え方に関しては、高校教師よりも予備校の先生の方がずっと上手だろう。でも、それは当たり前。予備校の先生は単年度契約で飯を食っているんだ。それは受験技術の玄人と素人の違いなんだ」と。

同時に、そこには情報の効率的な伝達はあるけども、教育はない。それは産業だ。君たちは「商品」だから大切にされている。特に、浦高生は一定の商品価値があるから大切にされているんだ。だから、君たちに医学部を勧める、東大を勧めるということだって、君たち自身に適性があるのかどうか、東大に行くことが良いのか、医者になる適性があるのかどうか、予備校は真剣には考えていないぞ、と。

予備校は自分たちが生き残るために一生懸命やっているだけのことで、君らは「商品」だから。そこを勘違いするなと口を酸っぱくして言っています。

竹内 ただ、私の予備校時代は、少し違ったところもありました。私は大塚駅にあった武蔵高等予備校に行きました。確か、駿台もそうでしたが、かつては予備校の前に「高等」がついていましたね（笑）。私は東大クラスに入りました。入学試験があってね。遠縁の家に下宿した関係で、駿台ではなく、通学に便利な武蔵を選びました。駿台の事務長をやっていた人が駿台をモデルにして始めた予備校です。地理的な便の良さからか、佐藤さんの出身校の浦高など埼玉県からの生徒が多くいました。

佐藤 ありましたね。私も武蔵高等予備校の夏期講習に通ったことがあります。

竹内 面白いことに、東大クラスの英語には、必ず現職の東大の先生が講師としてやってきていました。しかし、パンフレットには東大教授誰それと講師の名前を書くわけにはいかないので、「国立大学教授」としか載っていなかったです（笑）。しかし、現職の東大教授が授業を担当するのが「ウリ」だったのでしょうね。そこの予備校校長は、東大教授が迎えの車でやってくると玄関で丁寧にお迎えし、帰りも車に乗るところまで見送っていました。東大教授の授業が大切だったのですね。その先生をはじめとして、当時の東大クラスの予備校は詰め込みというより、英文解釈の折々に先生の蘊蓄が傾けられる教養講座みたいなところがありました。私と高校時代の同級生の友人は駿台や武蔵より大衆的な代々木ゼミナールに行っていましたが、小田実の授業がとても面白かったと後年言っていました。名古屋の河合塾の名物講師の牧野剛さんなども、そういう予備校講師ですね。京都大学の教育社会学の大学院生が今、このあたりの研究をしています。

私は駿台や河合塾で長く英語を担当している斎藤雅久先生から著書や手紙をいただいたことがあったんですが、英文解釈を通じての教養講座風授業は駿台の伝統だったらしく、斎藤先生の著書もそういうものでした。ただ、斎藤先生が言うには、最近は父母から「そんな授業ではセンター入試に役に立たない」とクレームが来ると言っていました。戦略的になってきた分、予備校の教養主義というものがなくなってきたということでしょうか。

佐藤　でも、そうすると結果としてどうなるか。教養や遊びのない詰め込み教育で大学に進学した学生は、就職の際に試験が必要となるところにかえって受かりづらくなる。特に国家公務員試験などに受からない。司法試験も受かりにくい。司法試験は２００６年開始の新司法試験への制度変更の影響で、旧司法試験はなくなったけれども、今しばらくは受かるかもしれない。しかし、弁護士になってから活躍できない。どうしてかといえば、先ほども述べた通り、徹底した勉強嫌いになっているからです。それから、受験に特化しているために、履修していない科目における知識の欠損が著しいんです。

竹内　それはありますね。要するに、伸び代がないんですよ。それは私も長年、京大で教えていて感じた。

佐藤　京大に入れるところまでは来るんですけどね。

竹内　そう。それで、どうしてあんな難しい入学試験を受けて合格して、こんなつまらん卒業論文を書くのかなと思ってね。そういう学生がいますよ。進学校でも伝統的な進学校、それこそ佐藤さんが通っていた浦高とか神奈川県立湘南高校とか、それから私学だったら東京の麻布高校とか、ああいうところだったらまた違うんだろうけど。

佐藤　先ほどの武蔵とか。

竹内　そう。そういう学校だったら、ちゃんと伸び代がある形で受かってきていると思うけれども。

■『十五の夏』

竹内　高校ではいろんな経験をしてほしいよね。以前、大学生調査をしたことがありますが、高校時代に読書した人が大学生になってもよく読書をしていて、高校時代に読書をしなかった生徒が大学生になっても読書をすることは少ないという結果でした。そういえば、佐藤さんご自身の高校1年生の夏の大旅行のこと、書籍にまとめておられましたよね（『十五の夏』幻冬舎、２０１８年）。

佐藤　あの本はカバーも力を入れました。でも工夫はむしろ表紙なんです。

竹内　とてもきれいな写真でしたね。これは佐藤さんが自分のカメラを持って旅行に行ったのですか。

佐藤　そう。オリンパスの小さいカメラを持って。

竹内　お金もすごくかかったでしょう。

佐藤　1975年当時で48万円です。

竹内　ご両親が出してくれたの？

佐藤　もちろんです。自分ではまだ稼げないですからね。でも、結果として安くついています。この時に旅行に行かなかったら、その後、東欧に関心を持ち、ロシア語を学ぼうとは思わなかった。

教育において投資って大切なんです。外務省へ入る勉強をしていた時に、関西だったために、特に同志社の神学部では外務省の先輩がいないし、勉強の仕方が分からないでしょう。神学部や大学院の講義に出たって、試験に直結するような内容ではない。しかし、当時1社だけ通信添削会社があったんです。サンメーク通信社といって、外交官試験だけに焦点を当てた試験対策をしていた。外務官僚だったのをやめて、通信添削をしている人がいたんです。1984年の時点で通信添削料が3万4000円だった。

竹内　ひと月で？

佐藤　ひと月です。今から三十数年前の、ひと月3万4000円。年間だったら40万円ほどになります。ところが、問題の的中率が良くて、毎月前半・後半で2題ずつ出題がある。それは本番の試験においても2題なんだけれども、的中率が6割5分ぐらい。

竹内　怪しいなあ（笑）。

佐藤　そこの通信添削を1年間受けていると、本番の試験でも1問は完全にそこでやった問題に当たるから、あと1問だけやればいい。

指定する教科書も他のところとは全然違うわけです。公表されている出題委員をちゃんと調べてきて、当時はホームページなどがないから、外務省に掲示されるでしょう。その出題委員を調べて、委員の直近論文や教科書を全部調べてきて、その情報を提供してくれる。そして、主宰している人が2カ月に1回京都に来て直接指導するという体制だった。

今になってみれば相当安いと思うんだけれども、それなりの金額だから、受講するかしないか考えていて、ある時、はたと思った。外務省に入ってからの俸給表を見て、当時、チェコへ行こうと思っていたんだけれども、在外公館に勤めた時の初任給を計算したら40万円ちょっとだったんです。そうか、合格すればいいんだと。合格すれば1カ月で返せる。先行投資だと思いました。

それと一緒で、私が高校の時に旅行代金を使ったのは先行投資になった。先行投資の意味合いというのは、学生の時はよく分からないですからね。

竹内　これ（『十五の夏』）、実際に高校生などが読むのではないですか。

佐藤　それと親ですね。
竹内　先ほどの吉野源三郎の『君たちはどう生きるか』のような感じですね。あれも、親が読んで、そこから火がついたらしい。
佐藤　特に、ポイントはお母さんですね。母親が読むと、息子や娘に「これ読みなさい」となる。最近、全体的に見ていると、どうも母と息子の距離は近い。かつてのような反抗期は今、ほぼないですね。
竹内　ないね。永遠の恋人同士みたいだね（笑）。
佐藤　浦高の生徒の親と話していると、結構、母親からの相談でありがちなのは、「息子を手放したくない」という話。大学進学でも関東に置いておきたいと。理由を聞くと、夫が単身赴任であっちこっちに行っている。息子がいなくなったら、私が独りになっちゃうと。
竹内　何と（笑）。
佐藤　寂しいと言うんです。そうすると、息子は「35歳、プロの独身コース」ですよ。息子の方も独り暮らしや下宿などをしていたら、誰が掃除や洗濯をやってくれるのかとなる。食事もママのご飯の方がいいと。

竹内　昔、テレビドラマであったねえ。「冬彦さん」的な感じかな。確かに母親もこの頃は、若いですわ。昔だったら、お母さんといったらもう異性を感じさせなかったでしょう。この頃だと、息子との関係でも恋人、お互いに疑似恋愛のような感じではないですか。

佐藤　旦那に対する感情が冷めちゃっていて。それだから、「息子に恋人ができたらどうしますか」とか聞いたら、「いじめてやる」とか言ってね。

竹内　ハハハ。

佐藤　最近のお母さん、だいたいそんなものですよ。「うちの息子に手を出しやがって」となりがちで。

■「星野君の二塁打」の解釈

佐藤　中学と高校の話もしてきたので、小学校の話もぜひしましょう。

２０１８年から、小学校で道徳科が必修化されて教科書問題が話題になっています。この前、ある神学部を持つ大学のセミナーに行ったんですが、キリスト教学校は、道徳科の教科書を採用しなくてもいいことになっています。つまり、宗教科の教科書に代替可能なんです。それで、道徳教育のことについて議論をしていて面白いなと思ったんですけれど、先生、「星野君の二塁打」をご存じですか。

竹内　話題になったことがありますね。

佐藤　道徳教科書の定番の素材で、こんな話です。

野球チームの選手である星野君に対して、ある試合で監督がバントを命じる。ところが、いい球が来たということで、星野君は二塁打を打ってしまうんですが、それで試合は勝ったんです。それでやったと思っていたら、翌日のミーティングで監督が全員を集めて、「星野君は指示を守らないでチームワークを乱した」と、それで「次の試合は出場停止だ」と言われて、星野君がしょげてしまったという話なんです。

これに対して、その議論に参加していた多くの先生が怒っているわけです。こういう形の道徳教材は教師の管理教育を強化すると非難している。でも、私は違うと思ったんです。これはもともと古い話で、『少年』（光文社）という雑誌の1947年8月号に連載されたものです。「星野君の二塁打」は、当時は、逆に関東軍のようになったらいけないんだという文脈で出てきたんだと思うんです。

関東軍の一部将校は独断専行によって組織全体のルールを破り、これが日本をおかしくした。だから、「二塁打を打つ」というのは、関東軍参謀で暴走した服部卓四郎(注19)や辻政信(注20)のような人物のアナロジーで、こういうことはいけませんよという話だったと思うんです。

ところが、2018年の時点ではその同じ物語が、管理教育の話として捉えられるわけです。突出した個人が日本をどういう方向に持っていったのかというその反省から出てきた物語が、別の形で捉えられてしまう。だから、文脈を抜きにして読んでいる人たちは面白いなあと思って聞いていたんです。

しかも、道徳の、学校における教科化について言えば、右派の人たちは道徳観を重視するんですけども、道徳の教科書で道徳が身に付く、つまり、マニュアルで身に付くと思っているとしたら、それは典型的な設計主義で、むしろ左翼的な思考ですよ。

竹内　そうなると道徳教育は、イデオロギー教育やインドクトリネーション（教化）と通じてしまうのではないですか。イデオロギーの代わりに道徳と言っているだけになりますね。

佐藤　ええ。一種のイデオロギー教育なんです。

そうではなくて、道徳は感化ですから、本来は先生の生き方で示すものです。だから、「星野君の二塁打」を使うのはいけないと言っている教師たちの意見は、その点からもどうなんだろうと。

「星野君の二塁打」は、テキストがあっても、そこから変形すればいくらでも広がる話です。例えば、送りバントの場面で空振りした場合、みんなどう思うとか、二塁打ではなくて、打ってアウトになったらどうする。送りバントしないで、アウトになってチームが負けた場合、これはどう判断する。二塁打の場合は試合に勝ってラッキーだったけれど、この場合はどう判断する。送りバントをしたけれど走者がアウトを取られた場合どうする

――いろいろな工夫ができるはずなんです。

竹内　道徳の教材は、そこからみんなで、そして自分で考えるためにあるのではないんですか。

佐藤　でも、現場の教師たちはそういうふうに考えないんですよ。これは文科省が価値観を押し付けてきている。管理教育だ、けしからんと。テキストの読み方に対して、教師が弱くなっているなと、話を聞いていて思ったんです。

竹内　メディア効果論で否定されている「弾丸効果論」(注21)や「皮膚下注射論」(注22)を教師自ら実践してしまっているところがありますね。カルチュラル・スタディーズだって、ニュースなどのメッセージを受け手は送り手の意図通り消費するわけではない、自分（たち）流

に読み替える（ディコード）ことに着目していますよね。

佐藤　道徳科の教科書を見て、さてこれをどう判断するかと考えることがポイントだと思うんですけどね。今、道徳科に対する関心はみんな高いですから、テキストを持ってきて、こういう議論をしたら面白いと思うんですよ。

■新解釈「忠臣蔵」

佐藤　これと似たようなことが大学でもあって、こちらは文脈がないからこその面白い話なんですが、教養と知識、修養はやはり重要だなと思った話です。

神学部の学生に講義をしていて、結構出来のいい子たちなんだけれど、私たちが知っているような形で忠臣蔵を知らなかったが故に面白いことがあったんです。

ある時、学生に忠臣蔵は史実として真実かどうか分からないと言った上で、忠臣蔵のあらすじを説明したんです。そうしたら、一番頭の回転の早い女子学生が、「でもそれ、異常な話ではないですか」と。「だって、吉良上野介がいろいろなことを教えてくれていたんですよね、それに対してお礼をするのは当然でしょう」と。

それで、謝礼として扇子一つしか持って行かなかったのは、いくらなんでも社会通念に反している。時間をかけて物を教えてもらったら、それは形でお礼をするのは当たり前ではないですか。いくら恥をかかされたと言ったって、いきなり刀を抜いて斬り付けるのは、どう考えても「境界性パーソナリティー障害」でしょう。しかもその後、公の裁判によってお家取りつぶしと決まったのに、不服として私党を作り、復讐をして、47人で老人を集団で襲って、その首を斬って槍に付けて歩いて行ったというのは、社会秩序紊《びん》乱で絶対認められない。赤穂浪士の切腹を主張した儒学者、荻生徂徠が正しいと。

そういう受け止め方を学生が話すので面白かったんです。素材さえあれば、この学生たちはまともに考えられるっていうことが分かりました。

竹内　そう。テキストは、教師はやろうと思えばどのようにも扱える。

佐藤　だから、制約の下における自由という形で、その工夫を楽しむことも、意味を変えていくこともできるんです。

竹内　教科書があったら、もう答えがこう決まっている。だからけしからんというのは思考停止と同じ。どんな社会にあっても、抵抗の余地はあり、その隙間を探すことが大切だと思うんやけど。

佐藤　関大の学生を相手にした時に、ぜひ忠臣蔵の話をして、反応を聞いてみてください。どういう感想を持つかはとても興味深いテーマだと思います。

竹内　本当だね。面白い。

佐藤　忠臣蔵に関しては、大石内蔵助に感情が近くなるところは、相当のイデオロギー操作がないと出てこないはずです。われわれの世代あたりまでは、そのイデオロギー操作の影響を受けているんですよ。

竹内　私が忠臣蔵をめぐる佐藤さんの学生の意見で面白いと思ったのは、荻生徂徠のところです。荻生徂徠は当時においては異端的意見だった。理論や意見の背後にはそれを支える空気（前提）がありますが、荻生徂徠はそれに逆らったからです。ところが、忠義よりも合法性が当たり前になった現在では、徂徠の意見は異端でもなんでもない正論だということですね。

とすると、そこから、なに故に当時の多数派は赤穂浪士称揚に傾いたかを学生たちに考えさせてみることは当時の社会について知っていく、一つの解き口になりますね。さらに一般化して、理論や意見というものが、それ自体の論理性によってだけではなく、時代の空気や気分によって訴求力を持つ部分が多いことを考える題材にできます。理屈の説得力が何によって支えられているかを。

佐藤　ええ。だからこそ忠臣蔵というのは一つの大きな面白いテーマだと思うんです。

■講義録ビジネス

佐藤　竹内先生の『立志・苦学・出世――受験生の社会史』（講談社学術文庫、2015年）の中にあった話もすごく面白くて、私の頭に残っているのは「講義録ビジネス」のことです。あれと同じものが結局、今の予備校なんですよ。先ほども少しその話が出ましたが、今の予備校の「東大コース」「京大コース」というのは、東大、京大に挑んで諦めるためのコースなんです。

竹内　諦めは時間が必要だから、1年かけてということですね。

佐藤　あれは「講義録ビジネス」の現代版ですよ。早慶コースというのは、早慶に挑んで諦めるためのコースです。早慶コースというところに行って、浪人してみたんだけれども、駄目だったという形で、1段階下の大学に行く。諦めるための通過儀礼のための講義録ビジネスは、現在も生きている。

竹内　それは早慶コースに一応は入れるから、「エアー入学」による満足かも。

佐藤　だから、そこのところで一つあおって温めて、その後、クールダウンさせるという仕組みで見ると、「講義録ビジネス」は予備校の形で歴史的に反復されている。

そうすると、先生があの著作で明らかにした仕事を丁寧に読んでみると、これもまた、その反復現象を現在の中から見いだすことは意味があると思うんです。「講義録ビジネス」が予備校に変わっていることは、公務員予備校とか、司法試験予備校も同じ機能を果たしているということです。やってみて駄目だったという経験に意味がある。それから、中堅大学以下で司法試験に合格する可能性がほとんどない法科大学院。ここに大量のお金を使って行ってみて、司法試験に挑んだけれど、駄目だったと言って、ここのところで自分がやれるだけやったんだということで諦めるということで、「講義録ビジネス」が今でも生きているんだなと。

知を扱う時には、必ずあおりとクールダウンという仕組みが入っている。それが、使うお金の規模が大きくなっている感じがする。幼児教育のピアノや英語も同じだと思うんです。バレエにしてもサッカーにしてもそう。いろいろな形であおっておいて、クールダウンさせて、そのプロセスで教育産業に従事する人たちがそれで生活していくことができる。

竹内　詐欺産業っぽい（笑）。教育産業にはちょっとそういうところがある。昔、大学進学者が急騰した時に、既存の大学は新設学部や新設学科を増設しました。例えば新聞学科などもそうでしたが、私の指導教官はそれを見て、「新聞学科に行ったからといって、新聞記者になれるものは極めて少数だから、あれは詐欺ですよ」と言っていましたが、その時、私は思いましたね。法学部だって法曹関係に就職する人なんてそもそも少数ですから、新聞学科のことを笑えないと。

佐藤　だからこそ、学生を納得させる社会的なコストが重要になると思いますね。もしそこのところの回路が完全に塞がれていて、チャンスがなく、それで能力のある人間がエネルギーをためると、革命勢力などになっていくのかもしれません。

たぶん大検もそういう制度だったと思うんです。エリート層で満たされていない人、潜在的なエリートの能力があって満たされていない人が反体制的な方向に行くよりは、細い線であってもそこから体制に抜ける回路があって、もちろんそこから抜けていける人もいるけれども、そこから抜けられない人は諦めると。

竹内　セーフティーバルブ（安全弁）だね。

佐藤　そうです。しかも今、日本では全体的に製造業が弱くなっているでしょう。サービス業だったら、教育産業は数少ない付加価値が高いところなんです。だから、ますます教育産業によるあおりは強くなってくる。そうすると、その構造をちゃんと見ていて、クールダウンさせることも、社会的な意味を持つと思うんですね。

竹内　そもそも「諦め」の語源は、鬱々とした胸の内が晴れ、明けることを言うわけだから。

■文脈と言論

佐藤　そのほかにも、わずか、20〜30年だけで文脈が分からなくなることがたくさんあります。例えば、平成の時代から令和の時代へ変わったこともそうです。

天皇の生前退位について言えば、1970年代までだったら共和制の議論は必ずどこかで出てきたはずなんですよ。例えば、社会党の左派、特に社会主義協会系の人たちだとか、あるいは共産党であるとか、そういう人たちは、本来は共和制であるべきという議論は一応したと思う。また、有識者の中でも共和制の論議は出てきて、この機会にもう一度そこは立ち止まろうではないかという議論が出てきたと思うんです。しかも今回のように、天皇の主体的な意思で明らかに超憲法的なことが起きてしまった。そうすると、そこに対する議論が出てくるはずで。

ところが、いわゆる「リベラル派」といわれる人たちは、平成時代の陛下（現在の上皇陛下）はリベラルなお考えで、安倍政権に対抗しているからよろしいのではないかという感じで見ていました。天皇を基準軸として物事を考えるということになって、より天皇制に包摂されてしまっている。それで見えなくなっていることがある。とても面白い現象だと思うんです。

竹内　それは確かにあるんじゃないですか。佐藤さんの言っているのは、リベラルと保守が結果としてもたらす馴れ合いのようなことでしょ。いわゆる「客観的」共謀。だから、評論家やオピニオンリーダーがやるべきは、そういう「客観的」共謀をきちんと暴いていくということだよね。それをしないで、どちらかの立場で言っているだけだと、アジビラのようで言論が分かりやすいんですよ。リベラルと保守の馴れ合いのような盲点や死角を明らかにすることが評論家の大きな役目だと思うんです。

佐藤　今の時代は言葉遣いも特徴があって、カントの「分析判断」（述語の概念が主語の概念に含まれている）の考え方を補助線として使うと分かりやすい。つまり、言葉の選び方においてすでに立場が入っているわけです。
例えば、改正組織的犯罪処罰法の議論において、「共謀罪」という言い回しを使うメディアがありましたが、その言葉を主語にする場合に、その中には、「反対」という述語的概念がもう入っている。同じように、「テロ対策法」という言葉には「賛成」という述語的概念が入っているし、「平和安保法制」という主語には賛成という述語的概念が入っている。「戦争法」という主語には、反対という述語的概念が入っているわけだから、言葉遣いを見るだけで、もう読む必要はないんです。

竹内　言語はそれ自体がパフォーマティブ（遂行的）ですよね。「青春」という言葉は、単に若者期という事実を指示しているだけにとどまらない。青春とはこのようなものであり、このようでなければならないという遂行を促している。青春という表象は正しい青春について、恋愛という表象は正しい恋愛についての物語を紡ぐ。煩悶することや、大人に反抗することから始まり、ふさわしい衣服から余暇の過ごし方などのライフスタイルを行動の範型として提示する。人間は言語の動物だけに、言語マジックについても、十分考えなければならないですね。

（注19）服部卓四郎（１９０１～１９６０）：１９０１年山形県生まれ。陸軍大学校卒。関東軍参謀、作戦課長を歴任。戦後はＧＨＱの歴史課などに勤める。史実研究所を設立し所長となる。

（注20）辻政信（１９０２～１９６８）：１９０２年石川県生まれ。陸軍大学校卒。関東軍参謀、参謀本部やビルマ方面軍参謀。ノモンハン事件で強硬論を主張し、１個師団壊滅となった。戦後は衆議院議員（当選４回）、参議院議員も務める。１９６１年にラオス旅行中に行方不明となり、１９６８年に死亡宣告がなされた。

（注21）弾丸効果論や皮膚科注射論は、「強力効果説」とも呼ばれ、メディアが流す情報がそのまま視聴者に影響を与えるとされる考え方で、現在は否定されている。むしろ、人は自らの周囲の人たちの意見や主体的な選択を行っているとされる。

（注22）カルチュラル・スタディーズとは、１９６０年代にイギリスで起こり、アメリカなどにも広がっていった文化研究。文化を相対的に見る視点や、政治などとも比較する視点を重視した。

6.

あり得べき、未来の大学

■教育は子孫への贈り物

佐藤　先生、「教育とお金」の問題も重要だと思うのですが、竹内先生はどのように考えておられますか。

竹内　教育は結局、お金をたくさん使う「金食い虫産業」ではないですか。

佐藤　その通りです。お金をたくさん使わないと教育にならないんですよ。

竹内　お金を使う教育のことで思い出すのが、京都の企業経営者の集まりがあって、そこへ講演に行った時のことです。主催者側の人が、京都の商家に生まれた人だったんです。彼と話していたら、「大学の頃に、京都の祇園でものすごく遊んだ」と。祇園で遊ぶのなら、どれだけお金を使ってもいいと親から言われたそうです。昔だから、親は素人の娘さんに手を出さないようにという気持ちがあったのかもしれません。彼は大学野球部にも所属していて、そちらの練習もしっかりしながら、同時に、それこそ家一軒が建つくらいのお金を使って若い時に祇園で遊んだ。「自分にとっては、それがすごく勉強になった」と言うんですね（笑）。まあお金持ちの道楽と言ってしまえばそれまでですが、私はいい意味で、非常に世慣れた立派な人やなと思った。物腰も態度もしっかりしていて、話題も豊富でしたよ。

佐藤　私は今、大学と高校で教えているのですが、必要な本は学生たちに買って与えています。それが結構な持ち出しになるんですよ。でも、そうやって学生と接しているうちに、よく分かったことがあります。講義を必修科目にせず、受講する人数を絞り込み、宿題をたくさん出す——そういうハードルが高い講義にしても、受講する学生は教師から貰った本を、丁寧に読むんです。そして、読んだことを基にして質問してきますし、おそらく学生自身にとっては「自分に目をかけてもらって、本も買ってくれて、それできちんと読んで消化していないとさすがにまずい」という意識が生まれるのではないかと思うんです。結果として、その方が学生にとっても知識が付きます。

それから、私は非常によく試験をやります。採点をして返すんですけれど、それで席次は絶対に付けませんし、何点だったかも手元に残しません。それはどうしてかと言うと、私は試験が嫌いだからです。ではなぜ試験を頻繁にやっているかと言えば、われわれは試験に慣れてしまっているから、試験をしないと必要な知識を覚えないからです。ある種の知識や事柄は絶対に覚えないといけないから、試験というすごく古い方法で定着させているだけです。

これは「守破離《しゅはり》」の考え方です。守破離とは日本における学芸や武術の伝統的な考え方で、まずは「守」のところで型を覚える。その後に型を離れていくということですが、そもそも「型破り」な人間になるには、型を知らないといけない。だから今、「アクティブ・ラーニング」などと言いながら、好き勝手に学生たちに何かを言わせるだけという授業がはやっているようですが、知識がないところでの放談は、単なるでたらめで終わってしまう危険性があります。思い付きで何かを言うことは誰でもできるわけですから。

ただし、思い付きではなく、先人の知恵・知識と同じ事柄を言った場合は、こちらも分かるんです。それは、こっちも長く生きているから、それが氷山の下のところでちゃんと氷があるのか、つまり、きちんとした知識の基盤の上になされた発言なのか、それとも、下がなくて、割りばしの先にくっつけたような小さな氷のかたまりが水面の上に出ているかのような発言かどうかは分かる。だから、基本的な知識は大切だし、そのために学生に本を買い与えるのは全然無駄にならないと思っているんです。

竹内　論語で「学びて思はざれば、則《すなは》ち罔《くら》し」（いくら学んで知識を付けたところで、自分で深く思索していかなければ、どう生かせるか分からない）としても、そのすぐ後に「思ひて学ばざれば、則《すなは》ち殆《あやう》し」（自分の狭い知識や体験を基に自己流儀で思索するだけでは、独断的で危険である）としています。それを頭に置いて、今のアクティブ・ラーニングの現状を見ると、「思ひて学ばざれば、則ち殆し」になりかねないという危惧がありますね。

どうしてそう言うかといえば、学校教師の迷走ぶりがＯＥＣＤ（経済協力開発機構）の調査結果（注：実施は２０１８年、公表は２０１９年）に見ることができるからです。中学校教員に対して、主体的・対話的で深い学びの視点からの授業改善の取り組み調査で、「批判的に考える必要がある課題を与える」12・6％、「明らかな解決法が存在しない課題を提示する」16・1％、「新しい知識が役立つことを示すため、日常生活や仕事での問題を引き合いに出す」53・9％となっています。日本の教員の取り組みはいずれにおいても48カ国の平均から大きく下回っているのです。

もちろん、この調査は教員の主観的自己評価です。とすれば、何事もまじめで自己評価に厳しい日本の教員だから自己評価が厳しくなったと言えるかもしれない。しかし、日本の教員の取り組みについての自己評価の低さは各国平均の半分にも達していない。自分に厳しい日本人気質のせいというより、取り組み自体に大きくとまどっていることを表しているものと言えそうです。とすれば、新しい学力観やアクティブ・ラーニングにおいて、現場では「笛吹けども踊れず」の状況が見えてきます。そもそも今の教員が受けた教育がアクティブ・ラーニングではないから、その転換が簡単でないことがあるでしょう。

基礎学力の上に立った「思考力・判断力・表現力」が必要なのですが、このような現状を見ると、基礎学力も不十分で、知識の活用力も不十分という「あぶはち取らず」（あれもこれもと両方を狙って、どちらも駄目になる）の危険さえ感じます。

特に強調したいのが、「古い学力観」として軽視される知識の記憶と理解中心の基礎学力ですが、これは海外から見ても羨望の的である日本の児童・生徒の長所で、「あぶはち取らず」の中で、この長所をなくしてしまいかねない危うさを感じます。

佐藤　それから、先生がおっしゃった知識が大切だということで言えば、やはりこうやって本を買い与えて、勉強をしたという経験が意味があると思えば、30年か40年後、経済力のある、そして教育に従事する人が私の学生の中から出てくるはずなので、彼らは私がしたことと同じように次世代に知的営為の型を渡していくと思うんです。私自身も上の世代にそういうふうにして目をかけてもらったし、ロシアでもイギリスでも、私自身、知り合った上の世代にそうやって本をもらって、勉強を教えてもらったんです。

竹内　それは子孫への贈り物のようなものだからね。

佐藤　それはすごくいい言葉ですね。「教育の本質は子孫への贈り物である」と。われわれも実はそれを先人から受け取っている。だからバトンを渡す仕事というのが教育だと思うんです。

竹内　世代をまたぐ互酬関係でね。ちなみに経済学者であり哲学者だったイギリスのジョン・スチュアート・ミルはスコットランドの大学の名誉学長就任の時に、大学教育の目的の一つとして「この世界を自分が生まれたときよりも少しでもよくして去りたい」という高貴な大望を学生に持ってもらうことだとしています（注：J・S・ミル〔竹内一誠訳〕『大学教育について』岩波文庫、2011年）。

佐藤　そこを理解しているかどうかなんです。新自由主義の最大の問題はその考え方がなくて、自分たちの世代で利益を全部巻き上げるという発想だということですね。

15世紀のチェコで民族主義運動に発展したヤン・フスの宗教改革のことを思い出します。当時、急進派のターボル派というグループが生まれました。彼らは完全なる財産の平等を主張して、共産主義の立場を取り、教育が人々の差別の源泉だからと言って、「反教育」政策を取りました。なぜそんな滅茶苦茶なことが成立したかと言うと、ターボル派の人たちは、強力な終末思想の下で、1420年にこの世の終わりが来ると確信していたからです。それで最後には「文字もなくす」という運動もするような共産主義の共同体を作って、結局、1代限りで滅びました。「反教育」で、文字もなくしたら次世代に何も継承されないですからね。

■なぜ不祥事が起きるのか

佐藤　大学の問題を考える際に、優秀な大学を出た人たちがなぜ、問題を次々と起こしているのかを見ておくことは重要です。2018年4月にセクハラ疑惑で辞任した財務省の福田淳一元次官が一つの典型的なケースだと思います。

ところで福田さんは、辞め方が良くなかった。辞める時はこう整理してから辞めればいいんですよ。「世の中の責任は3種類あります。それは刑事責任と政治責任と道義的責任です。私は刑事責任も政治責任も関係ないけれども、世間をお騒がせしました。それは不徳の致すところだから、道義的責任を取ります」と言えば、少しは違っていたかと思います。これは推測ですが、福田さんが「胸触っていい？」とか「手を縛っていい？」とか聞いたというのは、女性記者の質問をはぐらかしたつもりだったのではないかと思うんです。

竹内　そういう可能性もありますね。

佐藤　ただ、福田さんの語彙体系があまりに貧弱だった。質問を本人ははぐらかしたつもりなんだけれども。私は福田さんについて思うところがあるんです。彼、1978年神奈川県立湘南高校卒でしょう。私は78年浦高卒。浦和と湘南は姉妹校で定期戦を行っていたから、1年に1回行き来していた。だから、どこかで私は彼とはすれ違っているはずなんです。それで私、湘南高校の雰囲気、だいたい分かるんですね。たぶん彼は「省エネ型」の人なんだと思う。合理的に勉強するんだけれど真理の追求とかには全然関心がない。

竹内　それは確かに、あの感じの人だとないかもしれない。

佐藤　それから、官庁に入ってからも行政官としてやりたいことがない。となると、どうなるかといえば、政治家とぶつからないんです。政治家が無理難題を言ってきても、その政治家の力量を見て、面倒くさい政治家だったらすっと言うことを聞いちゃう。知らない政治家だったら、ばかなふりして、怒鳴られても放っておく。そういうところで省エネ。だから、民主党政権、自民党政権と両方で生き残れたんです。こういう人は、上司から見ると、ものすごく使いやすいと思う。どうしてかというと、省エネ型だから、たてつかないし、意見も言ってこない。

竹内　でもそうなると、メンタリティーの官僚制化が徹底していくのではないですか。

佐藤　その通りです。

竹内　究極の官僚のような。非常にニヒルな。

佐藤　そう。本質においてニヒリズムが出ている。だから、部下の評判も決して悪くなかったと思います。ばかな部下には仕事を与えないで、能力のある者だけに仕事を与えるから。ばかな部下からすると、うるさいこと言われないからハッピー。指導もほとんどしない。そこで、自分の目標はトップに行くこと。その目標を遂げちゃったから、やることがない。

竹内　ただまあ、こういうことが続いていると、それでも官僚になりたいという人は少なくなるのではないですか。能力と意欲のある人材が、官僚になりたがらなくなるのはいいことではないと思うんですけどね。

佐藤　組織はやはりトップによりますから。事務次官が女性と子どもの貧困を調査するために風俗店に出入りしているのが文科省。官僚中の官僚の財務省のトップは「胸触っていい」とか、「手を縛っていい」とか、こういう話になっているということなんですよ。私は、「魚は頭から腐る」と学生たちに教えているんだけれども、こんなことが続くようでは確かに良い教育や、良い国家制度が出てきにくいような感じがします。

竹内　ただ官僚は、個人として見ると学識もあり、能力は高いと思うのですが、集団として出てくる政策などを見ると、どうしてそういう人たちの集まりなのにそんな陳腐な政策になってしまうかと思うところは多いですね。福沢の言う「私にありては智なり、官にありては愚なり。これを散ずれば明なり、これを集むれば暗なり。……豈《あに》怪しまざるを得んや」（注：『学問のすゝめ』四篇）です。

佐藤　まさにその通りです。教養教育軽視がこのような形になって現れてしまった。

竹内　もっとも、今の官僚には、政治家の介入と官僚自身の忖度が働いているかもしれないのですが。官僚と政治家の関係を考えると、今の大学の職員と教員の関係も似ているところがあると思うんです。教員が大学自治の伝統であまりに多くの決定権を握っている。だから、大学というところは会議が無茶苦茶多い。意思決定の多くは、教員が関与しなくともよいものが多いと思います。大学入学者選考など、アメリカだったら職員がします。教員が「雑用」と称しているものの多くは、大学のことは何でも教員が決めるのだという「教授本位性」が災いしています。教員を交えての調整業務が多く、それが長時間で数の多い会議体となっているのです。

もっと分業体制を進めれば、大学教員も教育・研究の時間を増やせるし、職員も専門性をより発揮できると思うのですが。

■文部科学省の謎

竹内　官僚のことに詳しい佐藤さんに最後に伺いたいのは、近年、文部科学省がいろいろ問題を起こしているのは、一体何なんですかね。現職幹部が逮捕されたり、事務次官が2代続けて任期途中で辞任したり、そういう前代未聞の不祥事を起こしておきながら、一方で、東京医科大学を呼びつけて調査を命じたり、スポーツ団体で不祥事が起きたといって業界団体を指導したり、「猿の尻笑い」ではないのかと思ってしまうのですが。

佐藤　これも一つの地政学なんですよ。冗談半分で言われるのは、文科省は「霞が関の役所」ではない。「虎ノ門の役所」だと。東京メトロ（地下鉄）の霞ケ関駅がありますよね。あのあたりが中心で、財務省と外務省と経済産業省は国会通りと桜田通りの交差点に接しています。その交差点からどれくらい距離があるかで役所の格は決まる。

文科省は、省内がばらばらというか、初等中等教育局や高等教育局と、スポーツ庁や文化庁と全然文化が違うでしょう。初等中等教育局は学習指導要領至上主義で、極端なことを言えば、型を重視するというか、また、国家主義的で教育勅語を暗唱させた方がいいという考え方につながるような人もいます。高等教育局は逆に新自由主義の権化のようになってきていて、大学にとにかく競争主義を導入してスーパーグローバル化しようという考え方になってきている。スポーツ庁は、古いしきたりを守る任侠団体のような感じもあって、こういう異質な分野の集合体。

そもそも、現役の科学技術・学術政策局長が東京医科大に息子を裏口入学させて逮捕された件、なぜ医学部に裏口から入る必要があるんですか。医師国家試験があるから、裏口から無理して入ったところで、国家試験に受からなかったら医師になれないし、どうしようもないんです。

竹内　どうしてあんなにしょっちゅう、文科省から不祥事が出てくるのかな。大学政策の問題でも、所管の私学事業団（日本私立学校振興・共済事業団私学振興事業本部）が補助金カットの対象にするとか言って、実際に東京医科大学とか日本大学の補助金を減額しているけれど、補助金カットの前に、大学問題の責任の半分は文科省にあるのだから、自分たちにもペナルティーがないと。実際には文科省自体には何の罰もない。

佐藤　特定の文科省幹部に責任を負わせると、省内秩序が崩れるからでしょう。でも逆に、省に罰を与えてしまうと、みんな一段階ステップが遅れるだけです。役人の世界というのは同期間の競争ですから、一律に処分をしてしまうと、それは全く処分しないのと一緒なんですよ。処分というのはメリハリをつけて特定の人間だけにやらないと意味がない。それをやると面倒なことになるという意識が文科省内で強かったからだと思います。

しかし、それにしても前川喜平元次官。変わった人でした。彼は「子どもと女性の貧困の研究だ」と言って歌舞伎町の出会い系のお店に行った。そして、官邸との関係において、「実はこういうことがありました」という話を明らかにした。これは私に言わせれば、そんなところに調査に行っているのは、そもそもやはり変な人なんですよ。しかし、変な人だということと、その人が言っていることが真実かどうかというのは別の独立した話です。変な人が真実を述べていることもありますから。

ところが、さらに面白いのは、前川元次官が朝日新聞で「真実」を述べて、朝日以外でも、毎日新聞や東京新聞に出ると、「人格高潔な人」となる。それで読売新聞と産経新聞だと、「変なところに出入りしてるから前川の言うことはうそに決まってる」ということになる（笑）。全く壊れた議論です。

竹内 よく分からん話だね。それに貧困調査だとしても、なぜそういうお店に行くのか全然分からない。その説明をもっとしてほしかったよね。

佐藤 京都でも、「京都の伝統文化の研究」があるからと言って、いつも祇園に入り浸っている先生がいるそうです（笑）。でもそれって、いくら伝統文化の研究だからと言ったって、何だという話になりますよね。そのうち滋賀の温泉文化の研究をしていて、雄琴（滋賀県大津市にある性風俗産業がある街）に入り浸る人が出てくるかもしれない。

竹内 これからそういうのがはやるのかなあ（笑）。研究と言えば何でもできる。

佐藤 参与観察しないと分からないからと言って。

竹内 しかしそれは参与だけで、観察はしてないでしょう（笑）。多分。

■これからの教育は

竹内 ただ、一方で、今の学校のような仕組みが未来永劫このままでいいのかとも思います。

佐藤 そもそも、学校も大学も、資本主義制度になってから生まれたものです。ほぼ同じ年の人間が、しかもわずか数年間しかいなくて、基本的には汎用性の高い知識を身に付ける。イギリスの社会人類学者アーネスト・ゲルナーが言っているように、これは近代の資本主義に対応できるシステムですから、今のような形で未来永劫続くとは思えない。

私は基礎教育が神学でした。西洋では昔から神学は教養が9年、専門が15年、合わせて24年かかります。それで学部修了。その後、院がある。神学で学ばなければならないことは今でも分量は変わっていません。だから、神学的な思考を身に付けるためには24年はかかると考えないといけません。そのためにシステマティックに本を読んでいく習慣を付けなければならない。これを今の大学・大学院（修士課程）の6年間で付けられるかどうかですね。これができれば、40代の半ばぐらいになった時に一応、どういうものに対しても一定の見方ができるところまで到達できる。

しかし、そういう教育の方法が分かっている人たちは神学教師でも少なくなっています。牧師を養成するだけだったら、運転免許を出す自動車教習所と一緒ですからね。でもこれでは神学にはならない。

実は、どの学問もそうだと思うんですよ。だから、学知として、一つの自分のフィールドを確実に理解するには20年くらいかかるのではないでしょうか。10年で基本ができてきて、20年たったくらいで自分なりの独創性のある研究を出すことができて、それを次世代に伝えていくということだから、やはり四半世紀くらいかかる仕事だと思うんです。

竹内　ただ、学問が制度化されて、職業としての学問のようになっちゃうと、情熱がなくなった人がいつまでもやっているということも生じる。これもいいんだか悪いんだか。60歳になっても70歳になっても、情熱のある人はもちろんいるんだけれども、もう50歳くらいで何もない先生もいるでしょ。

佐藤　それはたくさんいます。でも、学生の方からすると、全教師が情熱を持っているというのも困るかもしれない。だから、1人、2人そういう人がいればいいのではないですか。

竹内　その通りなんだけれど、そういう人はまた学内行政などの野心だけは持っていたりする。

佐藤　それは先生、分かりやすいじゃないですか。学問と教育を放棄して、学内行政だけで全エネルギーを使えば、比較優位の原則で、絶対にそういう人が強くなります（笑）。

竹内　フランスの社会学者ピエール・ブルデューは1980年前後のフランスの大学改革で、学部や学科の既得権益の擁護や利益拡張が激しくなったことに触れて、その結果、

「本来の研究から期待できる利潤が少ない者の利益に合致する」（『ホモ・アカデミクス』石崎晴己他訳、藤原書店、1997年）と言っています。大学改革の中に「大学という病」が忍び込んでいるのです。さすが、学長や副学長になる人には研究や教育に理解がある優れた人が少なくありませんが、大学改革が、学内政治好きな「廊下鳶《ろうかとんび》」を増殖させる構造にはなっています。昭和戦前期の翼賛体制時代に怪しげな者が跋扈《ばっこ》したのと相同ですね。

佐藤　確かにそうですね。

竹内　今はどういう教科の先生でも校長になれますが、昔は主要教科（英・国・社・理・数）の先生が校長でした。今は武闘派のような先生や生活指導の先生など、かつて管理教育で成果を上げたような人が幅を利かせている。だからもう学校が収容所のようになっている。出世コースに乗る人はだいたい勢いのある、声の大きな生活指導が得意な先生ではないですか。

佐藤　学校が旧日本陸軍の内務班のようになってしまいますね。

竹内　ソフトな内務班ね。

佐藤　だからやっぱり学校が「刑務所化」してきて、高校生は早く出所したい。出所は志望大学に入ること、それが刑期明けとなる。そんなことでは大学に入って勉強する気にならないですね。ああ、ようやく「娑婆」に行けるんだという感じでは（笑）。

竹内　私は外国の中等学校の内部を詳しくは知らないけれど、日本のようにクラスが決まっていて、先生が教室に来るのとは違うと思う。ある科目になったら先生ではなく生徒の方が移動しているでしょ。日本のようにいつも同じ生徒、それこそ内務班的な構造が外国の学校には少ないのではないかと思います。

だからいじめをなくすんだったら、まず固定した学級をやめた方がいい。選択科目もいろいろあったら、いじめをしている場合ではない。大学生は年齢が高いこともあるけれど、あまり中学や高校のようないじめはないでしょう。

佐藤　でも、大学院の研究室だって、大学院の博士課程後期のよどんだ雰囲気。ポスドク（博士研究員）の30代後半のおっさんが、部屋の隅で「研究会をやるから来い」とか言って。

竹内　大学院の研究室は濃い集団ですよ。だって、一つの学科で、教室と研究室で同じ顔ぶれやから。それこそ内務班じゃないですか。同じところでずっと勉強しているわけやから。

どんなところに行っても、凝集性の高い集団になると必ず逸脱しているところを発見して何かをすると言いますね。修道院でも微細な差異を見つけていじめるそうだから。
佐藤　集団は、必ず内と外に分かれますね。
竹内　それが社会統制の一種だからね。非難したり、称賛したりということで集団の凝集性を高める。全くなければアノミー（無規範）状態になってしまう。
佐藤　そうです。
竹内　だからいじめは論外だけれども、全く他者への関心のまなざしがなければ、それはそれで集団として崩壊する。
佐藤　だから必ず派閥はできるんですよ。俺は生涯無派閥だというのは、誰にも相手にされない人のことで（笑）。
竹内　世間には生涯無派閥だった人が偉いというような風潮がありますよね。
佐藤　それはどこの派閥にも入れてもらえなかったっていう（笑）。
竹内　相手にされなかったということか（笑）。

■近代大学の滅亡の先に

佐藤　今の制度化された大学が崩れているとすれば、今後、どういう形が考えられますか。今でも確かに崩れているのは資格試験や就職について予備校や塾に頼るようになったことで、公務員試験、司法試験、公認会計士試験を狙う人たちが、東大、京大の学生でも予備校に通うようになった。一昔前は、私立大学の学生だったら予備校に通うけれども、東大生は死んでも予備校に行かなかった。そんなものは独学で受かるものだった。

竹内　そうです。ある意味、大学はそれでもっていた。難関校の学力低下は大学崩壊の理由の一つでしょうね。それから、オンライン教育の充実もあるでしょう。

佐藤　そうですね。例えば、iTunes University（iTunes U）や、Ａｐｐｌｅ系のサイトだと、世界中に公開されている講義が取れる。ハーバード大でも何でもありますから。

竹内　アダム・スミスは18世紀後半に出された『国富論』の中で大学のことにも触れていますが、「オックスフォード大学では、正教授の大部分は、すべて多年にわたって教えるふりをすることさえ、まったくやめているのである」と言っています。また、ヨーロッパ中世の大学史研究家であるヘースティングズ・ラシュドールは『大学の起源』の中でこう言っています。「中世には、学生と呼ばれた者のより大きな部分が、大学教育から、ひどく少ない利益しか得なかった、と信じてよいかなりの理由があるのである。『オックスフォードに来る者は多けれど愚かなるまま帰り行く』」（横尾壮英訳）。大学は地に落ちていたのです。

大学にアウラ（光）が射したのは、19世紀初め頃、ドイツの大学が自然科学のイノベーションの基地となりはじめたからです。それを後光に、研究と教育を一致させる「フンボルト理念」の下に大学の精神科学（人文学）も威光を持つようになったのです。日本の経済成長の後光効果で日本の学校教育がフットライトを浴びたようにです。

でもそれはごく最近のことだったのです。イタリアのボローニャ大学は、起源が8世紀の法学校にさかのぼるヨーロッパ最古の総合大学で、中世の諸外国の大学のモデルになりました。しかし、近代以前の大学は大したものではなかった。半分、若者の収容所のようなものだったというところもある。だから今の大学もいつまでも存続するとは思えない。中世の大学がそうであったように、近代大学の滅亡も考えなければいけないと思います。

佐藤　大学が滅亡した後に、それでも残る教育をどうするか。これまで私たちが議論してきたことが少しでも役立つといいですね。

あとがき

私は1973年、31歳で初めて大学の専任講師となり、そこから39年間、2012年の70歳まで大学教員を務めた。職業選択は、予期せぬ偶然によるところが多いものだが、大学教員になった人は、早くから志望が明確で、学部を卒業するとすぐに大学院に進んで大学教員になるという大学一筋の人が多い。しかし、私は初めから大学教員になろうという気持ちを持っていたわけではない。「人生はあみだくじ」というが、私の場合はまさしくそれだった。

1965年に大学を卒業し、企業に勤めた。勤めて1年半ほどたって、結核の初期である肺浸潤になった。その時、大学生の時の指導教授が、「今は大学への就職もいいから、回復したら大学院に進学したらどうか」と言ってくれた。当時は、猛烈サラリーマンの時代だったから、私の身体をおもんぱかって、大学教員にでもなれば、身体を酷使しないで勤められるという思いで言ってくれたのである。1960年代半ばは、大学進学率が上昇し、新設大学や新設学部が急増した時代。日本の大学教員市場の拡大期にあった。

そんな経緯で大学教員職に就いた私だったが、高等教育関連の論文やエッセイ、そして『大学という病――東大紛擾と教授群像』（中公文庫）や『教養主義の没落』（中公新書）、『学歴貴族の栄光と挫折』（講談社学術文庫）など幾つかの著作を発表してきた。高等教育が私の研究分野の一つになったのは、それが私の専門の教育社会学の領域ということだけではなかった。私にとって、大学教員職に就いたことが自明のコースではなかったことや、「デモ（大学教員にデモなろうか）的」な職業選択だった故のいくらかギルティな気持ちが大学問題への関心を喚起し続けたように思う。そんな私の来歴と、それに基づくこれまでのささやかな研究が本書での私の発言の背景となっているかとも思う。

私の大学教員人生が終盤に差し掛かる頃から大学改革の時代を迎えることになった。それまでの「教授天国」といわれるような、教授本位大学の時代が終焉し、学生本位が建前になった。しかし1990年以後の大学改革は、大学人の中から自生的に湧き上がったものではなく、外部から始まったことによる「功罪」を随伴した。大学改革が錦の御旗になってから文部科学省（旧文部省）官僚を含めての大学行政関係者にとっては、耳目を引く改革案のパフォーマンス競争のようになったきらいもある。教育改革の成果は時間がかかり、検証しにくいこともあって、思い付きの改革案が簡単に出ることにもよるだろう。だからこれまで行われてきた大きな大学改革は問題含みのものが少なくない。7割合格という触れ込みで登場した法科大学院は、ふたを開けると、2、3割の合格率にすぎなかった。看板に誘われて入学した学生たちこそ犠牲者である。今、その手直しがなされているが、誰も責任を問われない。1990年代から始まった博士課程の強化や専門大学院の制度化などの大学院重点化政策もそうである。大学院進学率が上がり、大学院生は倍増したが、受け皿を勘案していない大学院拡充策だったから大量の「博士難民」を生むことになった。これも、いまだに解決されていない。

次々と繰り出される改革案への対応で現場の教員は振り回されている。「ふりをする大学改革」という現場的適応策さえ生じている。確かに大学改革以後は、以前のように休講し放題で手抜きの授業をする教員は少なくなり、学生の授業出席率も格段に上がった。教育重視は実を結んでいるようにみえる。だが、日本の大学生の教室以外での自主的学習時間は極めて少なくなっている。数合わせと「やっている感」に帰結しがちな官僚的大学改革の副作用ともいうべきものであろう。パフォーマンスのような大学改革案や「研究・教育の時間」とは異なる短期的成果主義という「ビジネスの時間」に基づく大学改革が打ち出され続ければ、「手術は成功したが患者は死んだ」という言葉のように、大学改革は成功したが大学は死んだになってしまう危うさもある。本書がこうした大学改革を含めてこれからの大学について考える一助になれば、これにすぎる喜びはない。

本書は、時事通信出版局編集委員の坂本建一郎さんを通じて大学論の対談をしませんかという佐藤優さんからの誘いによって成ったものである。本書の初めに述べたように、佐藤さんとは旧知だったので、すぐ快諾した次第である。佐藤さんの頭の中は巨大な図書館だが、そこには読破した万巻の蔵書だけではなく、外務省時代はもとより、作家となってからのフィールドワークの膨大なファイルが収められている。対談で、「佐藤図書館」のスケールに驚くとともに、そこから情報を引き出し、理論知と経験知を融合させる手際に改めて感じ入ったものである。私は佐藤さんの発言の引き出し役に回ろうとしたのだが、佐藤さんの巧みな誘いで、引き出されてしまったところも多い。引き出しの多い佐藤さんだが、他者をその気にさせる引き出し力もなかなかのもの。対談は狭い意味の大学論にとどまらず、指導者論や教育論にまでわたり、時間を忘れるほどだった。読者にも私が感じた楽しさが伝われば幸甚である。

対談の機会を作っていただいた佐藤優さん、対談の企画からセッティング、書籍化に至るまで、遺漏なく的確に進めていただいた坂本建一郎さんに心より感謝いたします。

２０１９年８月24日

対談の場となった関西大学東京センターにて

竹内　洋

【著者紹介】
竹内 洋（たけうち・よう）
京都大学名誉教授、関西大学名誉教授・関西大学東京センター長
1942年生まれ。京都大学教育学部卒業後、京都大学大学院教育学研究科博士後期課程単位取得満期退学。教育学博士。関西大学社会学部助教授・社会学部教授を務めた後、京都大学へ移り、教育学部教授、大学院教授・研究科長・教育学部長を歴任。2005年4月に関西大学教授に再任、2010年4月より関西大学人間健康学部長。日本教育社会学会会長、読売新聞読書委員、中央教育審議会大学教育部会専門委員、日本学術振興会特別研究委員等審査委員会委員などを歴任。著書に、『革新幻想の戦後史』（中央公論新社）、『メディアと知識人』（中央公論新社）、『大学の下流化』（NTT出版）等多数。

佐藤 優（さとう・まさる）
作家・元外務省主任分析官・同志社大学神学部客員教授（学長特別顧問、東京担当）
1960年東京都生まれ。大宮市（当時）で高校卒業まで育つ。埼玉県立浦和高校卒業後、同志社大学神学部に進学。同大学院神学研究科修了。在学中は組織神学、無神論を学ぶ。在英国日本国大使館、在ロシア連邦日本国大使館に勤務した後、本省国際情報局主任分析官（課長補佐級）。外交官としての勤務の傍ら、モスクワ大学哲学部や東京大学教養学部非常勤講師も務めた。2002年鈴木宗男事件に絡む疑惑で東京地検特捜部に逮捕、起訴され東京拘置所で512日間拘留。2005年に執行猶予付き有罪判決。2009年最高裁で上告棄却、執行猶予付き有罪確定（懲役2年6カ月、執行猶予4年）で外務省失職。2013年執行猶予期間満了。刑の言い渡しが効力を失う。時事通信社からは『日本でテロが起きる日』『一触即発の世界』を刊行。

大学《だいがく》の問題《もんだい》　問題《もんだい》の大学《だいがく》

2019年10月19日　初版発行

著　者：竹内 洋　佐藤 優
発行者：武部 隆
発行所：株式会社時事通信出版局
発　売：株式会社時事通信社
〒104-8178　東京都中央区銀座 5-15-8
電話03(5565)2155　https://bookpub.jiji.com/

装丁　出口 城
編集担当　坂本建一郎
印刷／製本　太平印刷社

ISBN978-4-7887-1600-1 C0037 Printed in Japan